中华精神家园

古建涵蕴

绵延祠庙

传奇神人的祭祀圣殿

肖东发 主编　石　静 编著

中国出版集团

现代出版社

图书在版编目（CIP）数据

绵延祠庙：传奇神人的祭祀圣殿 / 石静编著. —
北京：现代出版社，2014.5（2019.1重印）
ISBN 978-7-5143-2310-8

Ⅰ．①绵… Ⅱ．①石… Ⅲ．①寺庙－介绍－中国
Ⅳ．①K928.75

中国版本图书馆CIP数据核字（2014）第085423号

绵延祠庙：传奇神人的祭祀圣殿

主　　编：	肖东发	
作　　者：	石　静	
责任编辑：	王敬一	
出版发行：	现代出版社	
通信地址：	北京市定安门外安华里504号	
邮政编码：	100011	
电　　话：	010-64267325　64245264（传真）	
网　　址：	www.1980xd.com	
电子邮箱：	xiandai@cnpitc.com.cn	
印　　刷：	三河市华晨印务有限公司	
开　　本：	710mm×1000mm　1/16	
印　　张：	9.5	
版　　次：	2015年4月第1版　　2021年3月第4次印刷	
书　　号：	ISBN 978-7-5143-2310-8	
定　　价：	29.80元	

党的十八大报告指出："文化是民族的血脉，是人民的精神家园。全面建成小康社会，实现中华民族伟大复兴，必须推动社会主义文化大发展大繁荣，兴起社会主义文化建设新高潮，提高国家文化软实力，发挥文化引领风尚、教育人民、服务社会、推动发展的作用。"

我国经过改革开放的历程，推进了民族振兴、国家富强、人民幸福的中国梦，推进了伟大复兴的历史进程。文化是立国之根，实现中国梦也是我国文化实现伟大复兴的过程，并最终体现为文化的发展繁荣。习近平指出，博大精深的中国优秀传统文化是我们在世界文化激荡中站稳脚跟的根基。中华文化源远流长，积淀着中华民族最深层的精神追求，代表着中华民族独特的精神标识，为中华民族生生不息、发展壮大提供了丰厚滋养。我们要认识中华文化的独特创造、价值理念、鲜明特色，增强文化自信和价值自信。

如今，我们正处在改革开放攻坚和经济发展的转型时期，面对世界各国形形色色的文化现象，面对各种眼花缭乱的现代传媒，我们要坚持文化自信，古为今用、洋为中用、推陈出新，有鉴别地加以对待，有扬弃地予以继承，传承和升华中华优秀传统文化，发展中国特色社会主义文化，增强国家文化软实力。

浩浩历史长河，熊熊文明薪火，中华文化源远流长，滚滚黄河、滔滔长江，是最直接的源头，这两大文化浪涛经过千百年冲刷洗礼和不断交流、融合以及沉淀，最终形成了求同存异、兼收并蓄的辉煌灿烂的中华文明，也是世界上唯一绵延不绝而从没中断的古老文化，并始终充满了生机与活力。

中华文化曾是东方文化摇篮，也是推动世界文明不断前行的动力之一。早在500年前，中华文化的四大发明催生了欧洲文艺复兴运动和地理大发现。中国四大发明先后传到西方，对于促进西方工业社会的形成和发展，曾起到了重要作用。

　　中华文化的力量，已经深深熔铸到我们的生命力、创造力和凝聚力中，是我们民族的基因。中华民族的精神，也已深深植根于绵延数千年的优秀文化传统之中，是我们的精神家园。

　　总之，中华文化博大精深，是中国各族人民五千年来创造、传承下来的物质文明和精神文明的总和，其内容包罗万象，浩若星汉，具有很强的文化纵深，蕴含丰富宝藏。我们要实现中华文化伟大复兴，首先要站在传统文化前沿，薪火相传，一脉相承，弘扬和发展五千年来优秀的、光明的、先进的、科学的、文明的和自豪的文化现象，融合古今中外一切文化精华，构建具有中国特色的现代民族文化，向世界和未来展示中华民族的文化力量、文化价值、文化形态与文化风采。

　　为此，在有关专家指导下，我们收集整理了大量古今资料和最新研究成果，特别编撰了本套大型书系。主要包括独具特色的语言文字、浩如烟海的文化典籍、名扬世界的科技工艺、异彩纷呈的文学艺术、充满智慧的中国哲学、完备而深刻的伦理道德、古风古韵的建筑遗存、深具内涵的自然名胜、悠久传承的历史文明，还有各具特色又相互交融的地域文化和民族文化等，充分显示了中华民族的厚重文化底蕴和强大民族凝聚力，具有极强的系统性、广博性和规模性。

　　本套书系的特点是全景展现，纵横捭阖，内容采取讲故事的方式进行叙述，语言通俗，明白晓畅，图文并茂，形象直观，古风古韵，格调高雅，具有很强的可读性、欣赏性、知识性和延伸性，能够让广大读者全面接触和感受中国文化的丰富内涵，增强中华儿女民族自尊心和文化自豪感，并能很好继承和弘扬中国文化，创造未来中国特色的先进民族文化。

2014年4月18日

忠义之魂——关帝庙

救死扶伤——药王庙

保国护邦——城隍庙

老君庙

老君庙以供奉太上老君为主，还有其他星君作为协侍和副供。大多数来老君庙的人是求长寿、健康和功名的。由于太上老君号"太清太上老君"，所以主祀他的庙殿也称太清宫、太清殿或老君殿。

太上老君是道教三清之一，原型是道家的创始人老子。老子在汉唐之后，逐渐获得了在道教中的崇高地位，各地都建立宫观进行奉祀。

我国有四川新津老君庙、新疆西山老君庙、山西乡宁老君庙、河南鹿邑太清宫等，庙内香雾缭绕，常年不断。

老子故里的鹿邑太清宫

　　河南省鹿邑太清宫位于鹿邑县城向东，被誉为老子故里，它和老君台一起构成了鹿邑老子文化的主要内容。

　　据史志记载，165年，汉桓帝刘志派遣中常侍管霸来鹿邑建造了寺庙，名为老子庙。

■ 鹿邑太清宫前的石牌坊

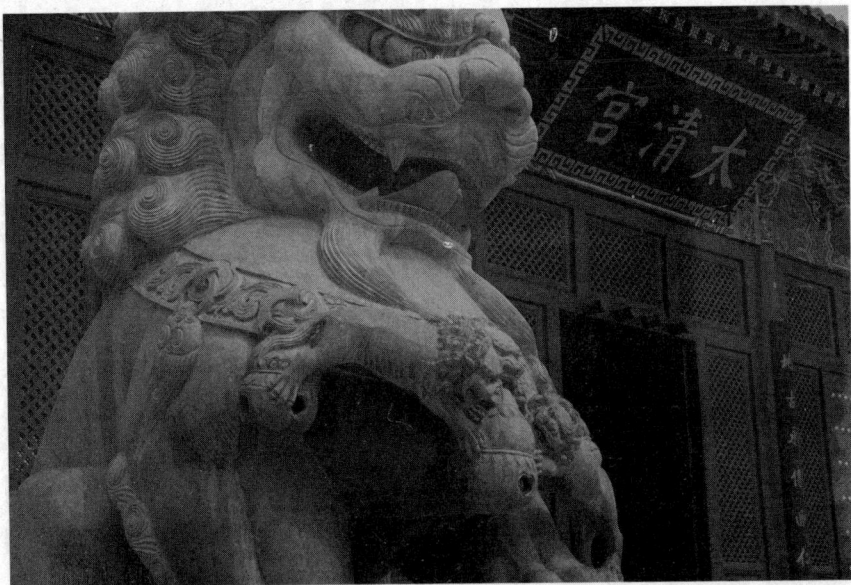

■ 太清宫门石狮

620年，李渊为了方便自己对天下的统治，抬高自己家族的地位，就按照积善行的建议，把老子认为自己的祖宗，在老子庙的基础上进行了扩建，据记载，当时的老子庙规模就如同王宫一样，是李家的皇室家庙。

666年，唐高宗李治追封老子为"太上玄元皇帝"，并且重新建造了"紫极宫"和"太清楼"，将庙名改为"玄元庙"。

到唐玄宗李隆基时期，太清宫的规模达到了鼎盛，占地近60万平方米。庙内的建筑排列井然有序，太清宫被称为前宫，祭祀老子，洞霄宫称为后宫，供奉着老子的母亲。

自建庙以后，历朝历代都在太清宫立有碑刻，保留下来的有20通。其中最突出的就是"唐开元神武皇帝道德经注碑"和"元太清宫执照碑"

003

太清道祖

老君庙

汉桓帝 东汉的第十位皇帝，在位21年。本初元年质帝崩，梁太后与兄大将军梁冀定策，迎立为帝，时年十五。太后临政。初由外戚梁冀掌握朝政。延熹二年与宦官单超等合谋诛灭梁氏，政权于是落入宦官之手。刘志一生信奉佛教和道教，当时的人们说他"举秀才，不知书；举孝廉，父别居"。东汉王朝自此江河日下，游走于灭亡边缘。

绵延祠庙

传奇神人的祭祀圣殿

■ 太清宫遗址内的
碑亭

诏令 我国古代以
皇帝的名义而发
布的一些公文，
在民间被称为
"圣旨"。大体
上可分两大类：
一是发布重大制
度、典礼、封赏
的文书；二是日
常政务活动的文
书。概括起来有
制、诏、诰、
敕、旨、册、
谕、令、檄等。

"唐开元神武皇帝道德经注碑"所刻的碑文是唐玄宗对道德经的释文，位于主殿太极殿的东侧，碑高约4米，宽1米，厚0.5米，此碑刻距今已经有将近1300年的历史了。碑身四面刻有1122个隶书字体，是唐玄宗对于《道德经》的注释文。石碑左右两侧为文人的题咏。

元朝著名道士丘处机被元朝皇帝尊称为国师，因为受邱处机的影响，所以元朝皇帝对汉文化特别是老子的道家思想十分尊崇，元朝皇帝统一中原不久，就下了两道圣旨对道家思想的发祥地鹿邑太清宫进行保护。

镶嵌在太极殿正墙西侧的这块石碑是元朝于1260年颁布的太清宫执照碑。该碑高0.6米，宽0.9米，碑文为楷书，满行13字。

碑文内容包括4个方面：一是中央政府颁给的；

二是规定了太清宫所属界地的大小，即"每一面宽10里，四面计40里"，也就是说，太极殿周围25平方千米的土地都属太清宫宫观所有；三是规定了这25平方千米内的所有田地、园果树木尽归太清宫宫观所有，诸人不得争执；四是说明南北宫，也就是太清宫和洞霄宫以会仙桥为界。

在老子生地的鹿邑太清宫，有许多碑刻，虽然这块碑不大，但价值很高，它以皇帝诏令的形式规定了太清官的大小及上面土地园木果树不可侵犯。

太清宫太极殿前的两株古柏，就是闻名遐迩的丹桂古柏。传说是老子亲手种下的，已经有2500多年历史了。由于是老子亲手种，再加上是李氏唐王朝的祖先，所以很多文人墨客在游览过太清宫后，都会对这古树进行记述。唐玄宗为此专门下诏：

> 瑞木表灵，奇文自现。用彰大庆，以福洪图。配五德于易经，迎万叶于休运。宣城告谢，仍付史官。其桧片藏于内库，兼赐诸王宰辅及道众。

这两棵古柏，虽然一样

太清道祖

老君庙

五德 战国时期阴阳家邹衍所主张的一种历史观念，主要是指五行，即金、木、水、火、土所代表的五种德行。五德周而复始就形成了终始，经常被用来解释历史的变迁和皇室的兴衰。后来，皇帝经常将自己称为"奉天承运皇帝"，其中"承运"就是五德中的德运。

■ 太清宫遗址内的先天太后之赞碑

阴阳 源自古代的自然观，古人在对自然界的观察中，逐渐认识到了很多对立却又相连的大自然现象，经过总结归纳，形成了最初的"中国阴阳"概念。春秋时期的易传以及老子的道德经中都有阴阳的论述。阴阳理论已经体现在中国文化中的方方面面。

高，但是西面一株枝繁叶茂，若虬龙盘旋，虽然看起来干瘦，但是却仍然有新的枝芽萌发。为什么会这么干瘦呢？

据说，在唐朝统一天下之后，李世民曾经派遣麾下的大将尉迟敬德前往拜祭，尉迟敬德下马后就直接去殿内进香了，他的卫兵把马拴到了这棵柏树上，马饿了，就把树皮给啃掉了，但是这棵古柏却没有死，依然生机盎然，而没有被啃的那一棵，很明显地要粗壮很多，两棵树东西交相辉映，引来众人围观，是太清宫最重要的一处景观。

老子所创办的道教讲求阴阳，而这个院子中的气场很重，就连这两株古柏也受到了一定的影响。很多年前，曾有人用铁锯锯掉了一根树枝做小板凳，可他发现，这棵树的年轮极像八卦图中的阴阳鱼。

这个人非常讶异，觉得触动了神物，于是赶紧跑

■ 太清宫三清殿

太清道祖 老君庙

到老君像前拜祭。这两棵一大一小的古柏正体现了老子的对立统一思想。

铁柱俗称赶山鞭，一根在太清宫，还有一根在纪念老子遗迹的老君台上，是纪念老子之物。

据记载，老子是主要负责周朝的守藏室之史，按照规矩，大臣们上殿议事的时候，必须站着，但是老子记录天子言行的时候，既要站立，还要写字，真的是太累了。

于是周天子下令在朝堂内建造了一个铁柱子，让老子倚在上面写字，不仅减轻老子的劳苦，还彰显了对史官的尊重。当然，也包含了苍天厚土，定于一柱的意思。到了后来，凡是国内外供奉老子的宫观都有这样一根铁柱，逐渐成为了纪念老子的标志。

望月井也是太清宫内的一个标志性建筑，每到农历八月十五这天，天空中圆圆的月亮总是能够投影到

■ 鹿邑太清宫老子出游雕塑

八卦图 表示八卦方位的图形符号。八卦是我国古代的基本哲学概念，来源有二：一是中国古代的阴阳学说，也叫先天八卦；一是周文王的乾坤学说，又称后天八卦。

守藏室之史 也就是掌管国家文物典籍的史官，守藏室是周朝典籍收藏的地方，集天下之文，收天下之书，可以用汗牛充栋、无所不有来形容。

■ 老子诞生地

绵延祠庙

传奇神人的祭祀圣殿

望月井的正中央，正应了"天上月是水中月"的古诗意境。

而周围的许多水井，哪怕是相邻的水井，也从来没有出现过这样的奇观，不明所以的百姓们都认为这是老君爷显灵了，所以就更加虔诚地拜祭。

阅读链接

传说在远古时期，老子住的村子前有一座大山，山峰陡峭，仰面不见太阳，叫隐阳山。隐阳山怪石嶙峋，杂草丛生，交通极为不便，人们的生活十分贫困。

为把大山变为桑田，老子烧炼矿石七天七夜制成了铁，又将铁烧炼七七四十九天，炼出了一根闪闪发光的铁鞭。

老子举起铁鞭向大山连抽3下，道道金光夺目耀眼，大山拔地而起随风飞向远方，隐阳山变成了平川，人们开始过上了幸福的生活。

人们说，由于当时老子赶山的时候用力过猛，将铁鞭都震断了，前段迸落在了老君台上，后段老子随手一扔就扔在了太清宫。

三祖圣地的新津老君庙

四川省新津老君庙坐落在城南的老君山上，是张道陵所建"二十四治"中保存最为完好的一治，被尊称为"三祖"圣地。

老君山海拔600米，矗立在岷江水系之间，四周的卧牛山、轩黄

■老君山山门牌坊

王灵官 道教中的护法镇山神将，和佛教中的韦驮很类似，传言是武当山五百灵官的统领，叫华光元帅，又叫五显灵官。宋代以后，民间出现了一位"火车王灵官"，镇守道观山门的灵官一般都是说的这位王灵官。王灵官为人刚正不阿，嫉恶如仇，纠察天上人间，除邪祛恶，不遗余力，于是老百姓赞曰："三眼能观天下事，一鞭惊醒世间人。"

台、送子山和插旗山把老君山围在中心，大有众星拱月的意味。

相传，轩辕黄帝在轩黄台修炼成仙，在鼎湖乘着龙飞升天际。于是，后人就在轩皇台修庙设坛祭祀黄帝，所以轩皇台也叫作"天社山"。

又传，老子在四川的青羊寺成功度化尹喜之后就是归隐在天社山中，他所骑的牛化作青山，也就是老君山前面的卧牛山。

《道藏辑要》中的《老子历世演化图》所描绘的就是这件事情。老君洞内有楹联曰：

牛驭出函关，百二河山无隐处；
蚕丛来蜀道，五千文字有传人。

■ 老君庙山名碑

在道教文化中，黄帝、老子和张道陵被称为"始祖""道祖"和"教祖"。《新津游记》中说，汉唐以来，天社山有一座极有历史的老君庙。指的就是三祖圣地，即新津老君庙。

新津老君庙在唐、宋、元、明时期殿宇众多，明末时期在战乱中损毁严重。清朝年间，邑侯杨公仪和学者刘止唐等曾经进行重修，但

毕竟人单力薄，修复有限。新津老君庙坐东向西，依山而建，结构布局十分严谨，主要有灵祖楼、混元殿、三清殿等殿。

■ 老君庙一角

灵祖楼为歇山式建筑，供奉着道教护法王灵官，王灵官三目怒视，身披黄金铠甲，左手拿着灵官诀，右手拿着金鞭，脚下踩着风火轮和祥云，主管天上人间所有的纠纷，老百姓称赞他说：三眼能观天下事，一鞭惊醒世间人。

在王灵官真身的旁边，是四大天王和财神赵公明的塑像。灵祖楼后有 64 级石梯，象征着六十四卦，可以直通到混元殿。

混元殿是单檐硬山式建筑，殿中供奉着混元祖师、太阳帝君和太阴皇君。混元祖师也就是我们经常提到的太上老君，宋真宗时尊称太上老君为混元上德皇帝，所以太上老君也被称作混元祖师。

宋真宗 赵恒，宋朝的第三位皇帝，在位25年。1004年，辽国契丹人入侵，真宗惧怕辽国，宰相寇准力排众议，劝帝亲征，双方会战于澶渊，局势有利于宋，但因真宗惧于辽的声势，故与辽达成澶渊之盟。宋真宗治国有方，北宋的统治日益坚固，国家管理日益完善，社会经济繁荣，北宋比较强盛，史称"咸平之治"。

■ 老君庙混元殿

传奇神人的祭祀圣殿

观音菩萨 也称观世音菩萨、观自在菩萨等，是可以观察世间百姓疾苦的菩萨。观世音菩萨相貌端庄慈祥，手持净瓶杨柳，具有无量的智慧和神通，我国民间非常崇信观音菩萨，在长达2000多年的历史中，世世代代的人们都把她奉为"救苦救难，有求必应"的万能之神。

混元乾坤圈与日月星君象征着世界原本就是一个混沌未开的，是混元祖师开天辟地之后才有了世间的万物。

混元殿东西分别为老君洞和慈航殿。传说老君洞是太上老君炼制丹药的地方，门上楹联是：

似洞非洞，石室为洞；
有门无门，道德之门。

似乎在向世人揭示了老子骑青牛隐居在老君山的原因。

慈航殿是慈航真人的供奉地，慈航真人类似佛教中心观音菩萨，是人们心目中救人于苦难中的女神。

混元殿后有陡峭的 36 级天梯，象征着三十六天，只要登上36级天梯，就寓意着达到了道教中飞升成仙的最高境界。

36级天梯的最末端，就是主殿三清殿。庭前有一八卦亭，建于1926年，供奉老君骑青牛的塑像。

三清殿建于1931年，采用的是单檐硬山式建筑，端坐在殿内中央的是玉清元始天尊，双手虚捧，象征着天地混沌未开时候的"无极"状态，居住在清微天玉清境中。

在玉清元始天尊的南边是上清灵宝天尊。他手持太极图，象征着天地初开、阴阳初分的"太极"状态，居住在禹余天上清境。北侧是太清道德天尊，即太上老君。太上老君手摇太极神扇，正襟危坐，俯瞰着人世间的万万物物，居住在大赤天太清境。

斗姥楼，采用歇山式建筑，供奉着先天大梵斗姥。斗姥，也称"斗姆"，是北斗七星的母亲，被道

无极 无极即道，是比太极更加原始，也更终极的一种状态，原本是老子用于称道的终极性概念。经常用来和太极对举，指在天地混沌之前更古老、更终极的阶段，这个阶段，就是道。因此，无极也可以说是太极的根源。

太清道祖

老君庙

■ 老君庙三清殿

教尊称为"圆明道母天尊"。

三元殿供奉上元一品天官赐福紫微帝君、中元二品地官赦罪青灵帝君、下元三品水官解厄谷帝君。每年的农历正月十五和七月十五，他们就会降临人间，赏惩世人罪福，为人消灾。

张道陵创立天师道时，就已经祭祀天、地、水三官，三官手中所捧的书，就是道教徒祈祷治病的方法。道教以农历正月十五、七月十五和十月十五为天、地、水三官神诞之日。老君庙继承了天师道传统，在此期间都建金、黄道场，以祈福消灾。

新津老君庙被200多棵明清古柏包围着，枝叶参天，苍劲翠绿，颇有"分明指出神仙窟，颇觉心如太古时"的真实意境。

斋醮是新津老君庙中最重要的仪式，这一天，人们供斋醮神，设立祭坛祷告神灵，能够和神灵进行沟通，祈求神灵庇护，赐福消灾。

斋醮分"醮事"与"斋事"两大部分。"醮事"，称阳法事，俗称"祈福法事"，是善男信女们的祈求赐福大会。"斋事"，称阴法事，是道教中人为了超度那些冤亲债主和孤魂野鬼而设置的一个法会，同时为信人祈福，祈求永沐平安。

阅读链接

新津老君庙的庙会有很多，有农历正月十五的上元会、二月十五的老君会、三月的清明祭祖会、四月廿八的药王会、七月十五的中元会、九月的报恩九皇会以及十月十五的下元会。其中最为百姓所津津乐道的就是农历二月十五的老君会。

相传农历的二月十五是太上老君的生日，每逢这个时候，老君庙都会举行盛大的法事和庙会。这天，来自四方的信众们都会前往老君山进行祭拜，在去往老君山的路上，到处都是怀抱清香，拿着红蜡烛的人流。

新疆最大的西山老君庙

新疆西山老君庙，始建于1767年，是太上老君李耳的供奉之所，已经有近300年历史了。西山老君庙是新疆历史上建庙较早、规模最大的一座道教建筑。

■老君论道壁画

■ 老子蜡像

绵延祠庙

传奇神人的祭祀圣殿

三界　本来为宗教术语。道家所说的"三界"是指天、地、人三界，指的是整个世界或是宇宙范围。在佛教术语中指众生所居之欲界、色界、无色界或指断界、离界、灭界三种无为解脱之道。在萨满教术语中则指宇宙上中下三界。

西山老君庙的所在地，就是传说中丘处机得道升天之前的最后一处闭关场所。老君庙建成之后，周边的百姓经常前来拜祭，香火一直旺盛。

相传王母娘娘座下的两条龙因为触犯了天规，被贬下凡间，两条龙流落到西山的时候，见此地风水不错，就盘踞下来。

两条龙不思悔改，整天就知道兴风作浪，搞得民不聊生，怨声载道，太上老君知道这件事情之后，就飞到这个地方设法将两条龙降伏在了妖魔山下。

后来，人们一看到妖魔山积聚了大量的乌云，就知道一定会下一场瓢泼大雨，当地有这样一种说法：

云照妖魔山，地下水飘船。

百姓们为了感谢太上老君，就修建了一座老君庙，希望太上老君能够一直庇佑着这片土地，保佑他们延年益寿，平安健康。

但是也有史料记载，说这里的老君庙是清代大学士纪晓岚被乾隆流放到北疆时，他发动乌鲁木齐的百姓修建的。

传说纪晓岚经过这片土地的时候，有一天晚上，太上老君托梦于他，要帮他化解人生中的坎坷，并赠送给他一个平安锦囊，在锦囊内有这么一句话："从军万里鬓欲斑，归复从来上篷山。"这两句话真实地描述了纪晓岚的后半生。

所以一直以来，当地都流传着求取锦囊的习俗。当孩子过完百天的时候，家人就会到老君庙为孩子求取一个锦囊，保佑孩子一生平安、健康快乐。

老君庙总体面积20000平方米，建筑面积7000平方米，全部保留着清代的建筑风格和传统的道教宫观设计，主要有钟楼、鼓楼、灵官殿、玉皇殿、老君殿、财神殿、药王殿、文昌殿、慈航殿。

棂星门 文庙中轴线上的牌楼式木质或石质建筑。"棂星"即灵星，又名天田星，是二十八宿之一"龙宿"的左角，因为角是天门，门形为窗棂，故而称门为棂星门。皇帝祭天时，要先祭棂星。古人认为"天镇星主得士之庆，其精下为灵星之神"，以棂星命名大门，象征着天下文人学士会集于此。

太清道祖

老君庙

■老君巡游壁画

■ 老子书写道德经

比干 一生忠君爱国，倡导"民本清议，士志于道"，主张减轻徭役赋税，鼓励发展农牧业生产，提倡冶炼铸造，富国强兵。比干是殷帝丁的次子，帝乙的弟弟，纣王帝辛的叔父，受托衷心辅佐自己的侄儿，也就是纣王，但是最终却被纣王所杀，终年63岁。

西山老君庙的庙门是延续了清朝牌坊样式的棂星门，中间悬挂着"老君庙"3个大字的牌匾。

西山老君庙的山门坐北朝南，在道教理念中象征着神、人、鬼三界，只要你跨过山门，就意味着走出三界，初步具备了修道成仙的资格。

山门的东西两侧，是坚固的山墙，绘制着《孔子问礼图》和《老子出函谷关图》两幅彩色壁画。

钟鼓楼是我国寺庙中必不可少的两个报时法器，道教认为，钟鼓的声音可以召集百灵，可以显得庙宇雄壮而威仪。

山门正对的是灵官殿，奉祭的是道教护法王灵官，他手持金鞭和灵官诀，身披铠甲，脚踏风火轮，旨在收瘟降魔，拥有很强的法力，被尊称为山门守护神。灵官殿的东西墙壁上绘有大量的彩色壁画，绘制着王灵官和萨真人的相关故事。

灵官殿之后是玉皇殿，供奉着玉皇大帝以及天皇大帝、太极大帝、长生大帝、土皇天后的真身。玉皇大帝端坐中央，他统御诸天、主宰宇宙，总管着三界、四生、六道、十方，掌管一切阴阳祸福，是民间崇拜的最高神。

老君殿是西山老君庙的主体建筑，殿高25米，四周围有汉白玉雕花栏杆。殿内的老君塑像高达7米，端坐在莲花台上，鹤发童颜，慈眉善目，手持混元乾坤圈，笑瞰着天下的众生。

陪祭在太上老君左右的是八位真人的塑像，一边是真人庄子、列子、文子和亢仓子，另一边是张天师、许天师、葛天师和丘处机四位天师。在老君殿的北、西侧是老子八十一画图大型彩绘，讲述着老子的传奇一生。

老君庙香火最为旺盛的就是财神殿，供奉着比干、赵公明和关羽三位财神，文财神比干居中，武财神赵公明和关羽分列左右两边。

文昌殿内主祭文昌帝梓潼帝和魁星神君，掌管人间的功名利禄和荣辱成败，他们在读书人心中的地位非同小可，祈求受到神明的庇佑，文运亨通。

慈航殿内是慈航道人圆通自在天尊的供奉之所，她端坐在莲花宝座之上，面容慈祥端庄，普度众生，大慈大悲，拥有无边的法力，能够"观"到芸芸众生的诉苦之音，解救众生，所以深受世俗的欢迎。

阅读链接

从乾隆后期开始，西山老君庙都会按照道家习俗，在每年的农历二月十五举行盛大的庙会，庙会上不仅展示各种民间手工艺品和字画，而且还会有3天的庙会大戏，促使中原汉文化在新疆地区得到了更好的传播和发展。

经过几个世纪的风风雨雨，沧桑让老君庙的文化底蕴越来越深厚，逐渐成为西部传承道教的一个重要载体。

黄河边的乡宁老君庙

山西省乡宁县曾经有一座天顺成煤矿，在煤矿的旁边，有一个绿化面积达20000余平方米，山水氤氲，香雾缭绕的庙宇，这就是乡宁老君庙。

乡宁老君庙的建造年代无证可考，但是自从清朝道光皇帝之后，

■ 乡宁老君庙全景

■ 乡宁老君庙内景

每年的农历二月十五都会举行盛大的庙会，并且一直都有道士在庙内住持大小事务，前来拜祭的人群络绎不绝。

乡宁老君庙建在一个海拔近500米的山头上，周围是人们为了防风固沙而种植的林木，绿荫环绕，远远望去，甚至可以看到黄河奔腾远去。老君庙坐落在这样一个地方，更加显得神秘而又庄严。

乡宁老君庙北面，是巨大宽阔的老君庙广场，占地近3000平方米，通过广场北的24级石阶，直接走到乡宁老君庙。

老君庙石阶，全部用青石雕琢而成，可以分为两大阶梯，第一阶梯是13级台阶，寓意包括闰月在内的13个月份；第二阶梯9个台阶，代表着九五之尊，飞龙在天。

以石阶为轴线，老君庙的所有建筑都井然有序地

道光皇帝（1782年—1850年），就是清宣宗爱新觉罗·旻宁，清朝第八位皇帝，也是清军入关以来第六位皇帝，年号道光，在位30年。道光时期处于历史的转折点，之后大清王朝每况愈下。当然，他在位期间也为挽救清朝颓势做了一些努力，如整顿吏治、整厘盐政、通海运，平定张格尔叛乱，严禁鸦片，起到了一定的积极作用。

楹柱 在我国的木结构房屋中，多以木柱来承重，一排柱子组成一榀落地的排架，谓之一榀。楹柱是指在大型建筑门前的两根大柱子，显得威武而有气势。

排列在两边，突出显示了道教建筑所讲究的"中轴对称、两翼均衡"。扶着石阶边的栏杆登上月台，遥望四周，所有景致一览无余，视野顿然开阔。

山门外，两对石狮雄踞在石阶的东西两侧，东面是一只雄狮，右脚下踏着绣球，俗称"狮子滚绣球"，象征混元一体和无上的神权；西边为雄狮，左蹄下踏一只小狮，俗称"太狮少狮"，象征道门昌盛，隐喻事事如意。

在道教文化中，凡是庙宇的大门都叫作"山门"，因为绝大多数的道家庙宇都建在葱郁的深山老林中，所以"山门"显得更为贴切一些。

在一些建筑规模比较大的宫观中，都有3个门，代表着天、地、人三界，道家认为，只有进了"山门"，跳出"三界"，才能称得上是开始了真正的修道，所以，山门也可以叫作"三门"。

乡宁老君庙的山门采用的是悬山式的建筑，东西

■ 乡宁老君庙门楼

■ 山门西侧影壁

各有三根粗壮的楹柱，精巧大气，在山门两侧的墙壁上还建有大型的砖雕影壁。

东侧绘制的是《老子骑青牛过函谷关》和《紫气东来图》，还刻有对联：

> 紫气东来辉鄂邑；
> 祥光北拱富煤田。

西侧影壁是《孔圣问道图》，描述孔子向老子请教礼制的故事，影壁的对联是：

> 圣仙切琢安邦德；
> 儒道圆融济世经。

宁乡老君庙的砖雕画刻独具匠心，古朴自然，线条流畅，具有很高的欣赏价值和研究价值。

栏杆 古称阑干，也称勾阑，是桥梁和建筑上的安全设施。栏杆在使用中起分隔、导向的作用，使被分割区域边界明确清晰，设计好的栏杆，有装饰意义。

砖雕 我国古代建筑雕刻中非常重要的一种建筑形式，是在青砖上雕刻出人物、山水、花卉等图案，主要用于装饰寺塔、墓室、房屋等建筑物的构件和墙面。也有一些砖雕工艺品是用青砖雕刻而成的。

功德碑 用来记功载德或者是颂扬政绩的碑。功德碑的特点是内容典型，形式个案。对于碑的主人来说，是对自己一生的褒奖和颂扬，是后人的楷模和榜样，具有现实和历史两重意义，所以深受历代官员的喜爱，尤其是皇室对功德碑乐此不疲，在古碑家族中具有重要地位且数量很多。

道教宫观基本上都建有钟楼和鼓楼，每天早上开静和晚上止静的时候敲响。老君庙钟楼在山门东面，是1850年清朝时期天顺成煤矿所铸的"老君神前鸣钟"，钟面上刻着"天顺成窑众窑户叩献到老君窑神火神山神土地神前鸣钟"，重100多千克。

鼓楼位于山门的西侧，鼓面绘制着一个巨大的太极阴阳八卦图。道家认为，晨钟暮鼓可以将宫观的威仪气势撞出来，因此每天必须敲钟撞鼓，每次都是81下，以应太上老君八十一化和应《道德经》的81个章节。在每天敲钟的时候，敲钟者要念钟文：

> 闻钟声，拜老君，离地狱，出火坑，愿成道，度众生。

■ 乡宁老君庙两根铁旗杆

当然，后来人们在拜见太上老君的时候，只是争相敲钟击鼓，为的只是祈求神灵保佑，或者是谢恩还愿罢了。

除此之外，在老君庙的东西两侧还高耸着两根高达33米的铁旗杆，让庙宇多出了一股威仪与壮观。33米寓意33天，象征道门神圣至高无上。同时，高耸的铁旗杆还担任了避雷的职责，多次

保护了老君庙的安全。

老君殿可以分为两殿，即东殿帝君殿和西殿娘娘殿，南边有灵官殿，四大殿辉煌典雅，各具特色。正殿采用了歇山式建筑，和周围的殿宇明显突出了道家尊卑有别的规范和封建等级观念。

老君殿主祀太上老君，窑神、火神、山神和土地神陪祭在太上老君的两侧。帝君殿主祀东华帝君、关圣帝君和文昌帝君。娘娘殿祭祀的是王母娘娘、观音娘娘和碧霞娘娘三位娘娘。灵官殿位于山门东，是山门护法神王灵官的祭祀场所。

老君庙内的各个建筑古朴中透着威严，琉璃铜瓦，色彩绚丽，殿内装饰精美，各尊神像的雕塑仪态端庄，道教文化底蕴非常厚重，象征和谐平安康福。

老君殿前有两通巨碑，一通是"重修老君庙碑志"，另一通是"贺方广功德铭"，和帝君殿、娘娘殿、灵官殿前的43通功德碑交错矗立，形成一道庄严肃穆的人文景观。

太清苑东依老君庙，西濒黄河，曲径装饰芬芳花草，加上画栋雕梁与绿树红花竞灿，太清圣境与老君神庙共辉，更让老君庙成了人们

■ 乡宁老君庙内的亭台楼阁

心目中的阆苑仙境，人们可以在此饱览吕梁壮观，品味道教文化，感悟人生哲理，在休闲、娱乐、观光、祭祀中陶冶情操、启智益寿，因此，老君庙香火旺盛，且常年不断。

阅读链接

445年，南朝宋国与南方的林邑国之间爆发了一场战争。宋军统帅刘义恭有勇有谋，一开战就连获两城。但是后来林邑国派出了以大象为坐骑的军队，在战场上横冲直撞，宋军无法抵挡，接连受挫。

刘义恭思前想后，召集将士道："我听说狮子之威，足以镇服百兽。"

于是命将士们昼夜雕刻木块，制成狮子头套和面具戴上，身披黄衣。果然，对阵的时候，象群看着"狮子"冲来，四散溃逃，宋军大获全胜。

此后，狮子开始有了压邪镇凶的作用，最终化为看宅守门的石刻。此外，因"狮"与"事""嗣"谐音，所以经常可见象征着"事事如意"的双狮并行、表示"好事不断"的狮佩绶带以及祝愿"子嗣昌盛"的雌雄狮子伴幼狮等。

周公旦，姓姬，名旦，也称叔旦。周代第一位政治家、军事家、思想家和教育家，被尊为"元圣"，儒学的先驱。

因采邑在周，世称周公。周公摄政当国，平定"三监"叛乱，大行封邦建国，营建东都，制礼作乐，还政成王，对巩固和发展周王朝的统治起了至关重要的作用，也对我国历史的发展产生了深远的影响。

"文武周公"是孔子最为推崇的人物，孔子的思想延续的就是周公的思想体系。

周公庙

因定鼎而建的洛阳周公庙

洛阳周公庙是纪念西周时期著名的政治家、军事家、思想家、古洛阳缔造者、我国儒家思想奠基人周公姬旦的祠庙，也称元圣庙。

周公曾协助武王伐纣灭商，辅佐成王摄政，东征平定管叔、蔡

周公庙远景

叔、霍叔"三监"与纣王之子武庚叛乱，营建洛邑并

■ 周公庙定鼎堂

制礼乐，使我国最终成为文明古国、礼仪之邦。

由于周公开创了千秋伟业，所以被后世奉为天下第一圣人"元圣"。全国各地多设祠纪念，洛阳周公庙即为其中的一座。

洛阳周公庙是我国祭祀周公的重要场所，始建于618年的隋末唐初，由当时的隋朝将领王世充始创。1525年，明朝嘉靖皇帝下令又在旧址重建。到了清朝，又有几次大规模的修葺，使庙貌更加隆重，逐渐形成现有的规模。

周公庙坐北面南，依中轴线从前到后依次为宝鼎堂、礼乐堂、三殿及东西廊房，共664平方米，宝鼎堂取"成王宝鼎郏鄏"之意而名，面阔五间进深三间，单檐歇山式。二殿三殿均为五开间，单檐硬山式建筑。洛阳周公庙是保存较为完整的明清古建筑之一。

摄政 一种代行最高掌权者职权的官职。一般来说，有两种情况需要摄政。其一为前任君主逝世，而新任君主幼弱不能治国；其二为现任君主突然因某些原因而不能履行职务，而又未能及时选立继承人。在古代，摄政人多是朝廷重臣、太后或太上皇。

■ 周公庙碑文石刻

吻兽 龙生九子之一，平生好吞，也就是殿脊的兽头之形。这个装饰一直沿用下来。在古建中，"五脊六兽"只有官家才能拥有。这种泥土烧制而成的小兽，被请到皇宫、庙宇和达官贵族的屋顶上，俯视人间，真有点"平步青云"和"一人得道，鸡犬升天"的意味。

定鼎堂是周公庙所有建筑中年代最为久远的，也是周公庙的主体建筑，为明代建筑，后来经过多次重修，大体保存了明代的建筑风格。

殿堂面阔五间，进深三间，单檐歇山式，青筒瓦覆面，还配以彩绘，威仪堂皇。殿内供奉有周公与他的北弟召公、毕公及世子伯禽、君陈等五尊塑像。

定鼎堂为龙凤屋脊，两端饰以吻兽。大殿四角飞檐起翘，拓展伸张，比例匀称，节奏和谐，既庄严稳重，又隽秀灵巧，是一座保留有辽金建筑风格的艺术杰作，具有较高的历史价值和文物价值。

殿内的周公塑像以白色为主要基调，周公的头发是白的，胡子是白的，眉毛也是白的，还穿着白色的长罩衣。据说，这是周公的真实写照，因为他为周王朝操心的事情太多了，日夜操劳，呕心沥血，所以头发胡子都白了。

周公塑像庄严、肃穆，体现了周公辅佐成王一丝不苟、兢兢业业的样子。伯禽像乃明代塑造，泥胎彩绘，弥足珍贵。

殿内周围依次陈列有"周公事迹""周公家谱""元圣宗谱""海内三大周公庙介绍"等内容，殿外墙壁上镶嵌有石刻"周公解梦"碑计19通。

殿前东侧有我国台湾崇祀者所立的"台湾省台

中市赖罗傅宗亲访祖团暨中原赖氏宗亲联谊会周公庙祭祖纪念碑"一通，上书"追本溯源，根在河洛"字样。

礼乐堂为二殿，原名为"会忠祠"，是后来清代所增建的。礼乐堂面阔三间，进深两间，硬山式，青筒瓦覆面。殿内陈列一组周公制礼作乐群像，场面恢宏，形象逼真。

周公庙的后殿即为三殿，是清代建筑。1790年，是清朝的乾隆皇帝执掌朝政，时任洛阳知县龚松林主持修葺的。面阔三间，进深两间，外设走廊，硬山式，青筒瓦覆面，庄重气派。殿内陈列有隋唐东都城大型复原沙盘模型和夏都斟鄩复原模型。

三殿前的东西两侧各为面阔五间的硬山式厢房，里面陈列着商都西亳复原模型、东周王城复原模型和汉魏故城复原模型。

应天门建造初期被称为则天门，有东西两阙，平面为"凹"字型。门有两重观，上写"紫微观"，左右连阙中间以廊庑相连，其建筑形式直接影响到北宋汴梁的丹凤门和明清北京故宫的午门。在我国

■ 周公庙内石雕

周公庙内神像

绵延祠庙

传奇神人的祭祀圣殿

古代的都城建筑史上占有非常重要的地位。

后来李世民攻占东都洛阳后，因其大过奢华而火焚之。唐初重建，武则天执掌朝政之后，因避讳武则天的尊号，便将名称改为应天门。

应天门是当时朝廷举行重大国事庆典与外交活动的重要场所之一，与长安承天门一样备受人们的尊崇。

根据史书记载，隋炀帝曾登临应天门听政，武则天"御则天楼，赦天下，以唐为周，改元"，唐玄宗在应天门上接见日本国第八次"遣唐使"等都是在应天门城楼上举行。

阅读链接

在洛阳民间一直都对周公"定鼎洛阳"说好，因为当时的鼎象征政权，鼎在哪里，哪里就是政治中心。那么，周公为什么要把鼎放在洛阳呢？

原来，大禹治理洪水后，铸了九尊大鼎象征九州。商周时期，九鼎成为传国之宝，国都所在之地，必须安放九鼎。

武王灭商后，与周公一起商量将九鼎搬到周朝国都镐京。谁知那九鼎非常沉重，很难搬运。大鼎到了洛阳后，像生了根似的定在这里不动了，没办法再往西搬运。于是就决定将鼎定在洛阳。很快，武王就病故了，成王继位，周公辅佐成王，并举行了隆重的定鼎大典，把九鼎正式安放在洛阳。

到了隋唐，洛阳人为纪念周公"定鼎洛阳"，兴建了周公庙，庙里的大殿被命名为定鼎堂。

发祥地上的岐山周公庙

陕西岐山是炎帝生息、周室肇基之地，是周文化的发祥地，同时也是民族医学巨著《黄帝内经》、古代哲学宏著《周易》的诞生地，历史悠久，文化灿烂。

岐山周公庙正门

召公 又作邵公、召康公、太保召公。姓姬名奭，是周文王的儿子，武王的弟弟。曾辅助周武王灭商，被封于燕，是后来燕国的始祖。因最初采邑在召，故称召公。他支持周公旦摄政当国，支持周公平定叛乱。他的后代中有人继承了召公的称号，还辅佐了周厉王。

■ 周公庙内润德泉

618年，唐高祖李渊为了纪念西周政治家曾助武王灭商立国、辅成王平叛安邦的周公姬旦，下诏在相传其制礼作乐的"卷阿"岐山创建周公祠。祭祀岐山周公庙，后经宋、元、明、清历代修葺、扩建，逐渐形成了以周三公殿为主体、姜嫄殿和后稷殿为辅，亭、台、楼阁点缀辉映的古建筑群。

周公庙保留有古建筑30余座，占地约70000平方米，整体建筑对称布局，殿宇雄伟，亭阁玲珑，各具特色。在诸殿中，周公殿居前，姜姬祠居中，后稷祠居后，当地群众把这种布局总结为"姜姬背子抱孙"。

山门照壁位于周公庙的入口处，山门五间，为歇山式屋顶，檐下悬有"有卷者阿"匾额。外立照壁，硫璃飞檐，中嵌石匾，隐视乐楼风貌。

■ 周公庙内的石雕

　　乐楼又称戏楼，创建于元代，明清曾重修，仍保持了元代的建筑风格。乐楼正面悬一匾，题："飘风自南"，与照壁"有卷者阿"组成完美的诗句。

　　乐楼正视为九脊歇山式顶，背视南看却为悬山顶。檐下筑楼，楼上以雕花棂隔断分成前后两部分，前为台，供奏乐演戏，后为室，有左右两门，供演员上退场之分。

　　楼下为穿堂过庭，两边各立廊柱，形成廊殿，是岐山最古老的一处戏台，非常难得，是研究元代戏曲的典型实物材料。

　　在乐楼之后为八卦亭，平面正方形，重檐阁亭，中顶悬挂八根，连为八角形，彩绘藻顶，装饰精美，是为纪念周公作爻辞而建的。

　　周三公正、献殿是周公庙的主题建筑，是一组共为六座的单体建筑，分别创建于唐、宋、清年间，是为纪念三公，即周公、召公、太公而建造的。

　　史书记载，周成王姬诵时，周公为太傅，召公为太保，太公为太师，故称三公，为了表彰他们的业绩，专门建立了周三公殿，后来人们又在正殿的基础上增建了献殿。

周三公殿的六座殿屋顶为螭吻繁缛，屋脊立兽众多，有飞凤、奔马、狂犬、人俑、大象、怪兽，造型生动各异。屋檐斗拱重叠，结构精巧，具有较高的观赏价值。

润德位于正殿东，因泉水的喷吐和干涸有间歇性，人们赋予了它许多神奇而瑰丽的传说。明代车骑将军赵忠咏润德泉道：

一泉长与世安危，今日无波涨碧池。

每朝每代都把泉中有水看成风调雨顺、国泰民安的吉兆。

848年，因泉涸而复喷，于是，唐宣宗便把这自然现象和他的个人功德联系起来，赐名为"润德泉"。因为是皇帝敕赐的，所以一直被完好地保留了下来。

泉周围为八角井泉石栏杆，栏杆上有浮雕藻饰，并有龙吻、鳖

■ 周公庙内甘棠亭

头、人物、异兽等立体造形。

在润德泉西边为碑亭,为歇山式长方形亭,丹楹彩绘,十分惹目。亭下有唐、宋、金、元、明、清时期的石碑和石碣多座,大都记述着修建周公庙的悠久历史。

苏轼《周公庙诗》有言:

> 吾今那复梦周公,尚喜秋来过故宫。
> 翠凤旧依山突兀,清泉长与世穷通。

周公庙自然风光绚丽,文化遗迹灿烂,令人向往,而周公的巍巍业绩和那博大的胸襟更使人敬仰。

姜嫄正、献殿是为祭祀周部族始母姜嫄而建立的,为硬山式,面阔五间,具有明显的清代建筑风

■ 周公庙润德泉

浮雕 雕塑与绘画相互结合的产物,采用压缩的方法对对象进行处理,展现三维空间,并且可以一面或者是两面进行观看。浮雕一般是附着在另一个平面上,所占空间小,所以经常用来装饰环境。浮雕的主要材料有石头、木头、象牙和金属等。

037
儒学先驱
周公庙

绵延祠庙

传奇神人的祭祀圣殿

周公庙内的召公殿

格，殿内有姜嫄塑像。殿内还存有很多清代壁画，工笔细描，色彩鲜艳，形象生动。

后稷正、献殿是纪念周部族先祖后稷而建。后稷，名弃，为其母姜嫄"履帝武敏歆"而生，生后几次被弃。得鸟兽保护，才得以收养，自小聪明，尧时被拜为农官，教民稼穑，后人尊他为稷神。

后稷殿为硬山式，面阔三间，内塑有后稷坐像，右配祀太伯、仲雍、左配祀王季塑像。

郊媒殿位于后稷殿东侧，为硬山式，面阔三间，东西各有两小耳室。古书记载，姜嫄出野向高媒求子，回来路上履大人迹而生后稷。祠前悬一匾，上书有"祥开有周"字样。

出了庙殿，顺坡拾阶而上，是一处用红砖垒砌的小院。院内沿壁有一排窑洞，洞中有药王、老君、元始天尊等神仙泥塑像，或坐或立，形象各异。

玄武洞为一石洞，洞虽不大，却有石山隆起的脊梁，山上沟壑分明，并不是凭人工的雕凿就可以形成的。山顶接连洞顶，如蓝天将一座猛长的山峦小心地裹起来。

　　洞内的玄武真君像端坐在半山腰，为白色玉石雕成，雕像十分威武，披发、赤足、戎装，脚踩龟蛇，手持宝剑，充分表现了玄武真君惩治邪恶的英雄气概。

　　玄武真君像，全身光滑似陶瓷，当地人叫它"玉石爷"。

　　相传，玄武佛僧法力无穷，能治百病，后成仙出走，能指石为玉，并修书说：某位疾，摸某位即愈。于是，后人有病者摸同位处以求病愈。

　　时间长了，玄武真君凸起的脑门和鼻梁便先凹了下去，玉石玄武的身体也被摸得光滑了。每逢农历三月中旬古庙会，人山人海，仅摸佛像的人就可以站成长长的一队。

　　后来，人们在周公庙附近进行了大规模的考古调查，发现大型墓葬19座，其中有四条墓道者9座，三墓道者4座，两墓道者4座，单墓道者2座，另有陪葬坑13座。

周公庙内的姜嫄庙

在墓地外围多处地点共发现卜甲与卜骨700余件，经初步辨识，有甲骨文字420余字，其中有"周公"字样者4片，并有几片记载周王活动的刻辞。

此外还发现了1.5千余米的夯土城墙，6处大型夯土建筑基址，在其周围发现的许多空心砖，即使在周人的都城丰镐遗址与周原遗址也实属罕见，为周公庙增添了几分神秘的气息和魅力。

阅读链接

周公还政于成王之后，天下已趋于太平，为了使西周的江山更加稳固，周公便考虑从政治、思想、文化、道德、礼仪等方面制定一整套典章制度，来维护周的统治。

周公所制的礼仪，具体来说就是法制、法度，包括从中央到地方的一整套官制、宗法、等级方面的君臣、上下、父子、兄弟、宗疏、尊卑、贵贱等方面的礼仪和制度，"乐"就是音乐歌舞。

正是这一整套周礼，他不但巩固了周的江山，而且影响了我国儒家思想长达3000多年。

吕洞宾，原名吕岩，字洞宾，道号纯阳子，唐代著名的道教仙人，为"八洞神仙"之一，是三教合流思想的代表人物。

在民间，吕仙的形象已妇孺皆知。宋代封吕洞宾为"妙通真人"，元代封"纯阳演政警化孚佑帝君"，后世又称"吕纯阳"。王重阳创立全真道后，吕洞宾又被奉为"北五祖"之一，故道教又称他"吕祖"。

我国多地建有吕祖祠庙，岁时祭祀，香火不断。相传吕祖诞辰为农历四月十四，道教多在这天设斋以示纪念。

三教交融

吕祖庙

壁画知名的芮城永乐宫

　　永乐宫又名大纯阳万寿宫，位于山西芮城，是为了供奉我国道教"八洞神仙"之一的吕洞宾而建的。永乐宫始建于元代，施工期前后共110多年，才建成了这个规模宏大的道教宫殿式建筑群。

　　吕洞宾原名吕岩，山西芮城人，本名绍先，自幼好读，淹博百

■ 永乐宫

家，但三举进士不第。619年，正值武则天执掌朝政，年已46岁的吕绍先再一次去往长安应考，在酒肆中遇见上天仙使钟离权。

■永乐宫宫门

钟离权让他做了一个建功树名、出将入相、封妻荫子的美梦，醒后方知功名利禄均为梦幻，遂大彻大悟，拜钟离权为师，赴终南山中修道，改名岩，字洞宾。其后遍游山水，传道度人，53岁归宗庐山，64岁上朝元始、玉皇赐号为纯阳子。

唐宋以来，吕洞宾与铁拐李、汉钟离、蓝采和、张果老、何仙姑、韩湘子、曹国舅并称为"八洞神仙"。在山西民间信仰中，他是八仙中最著名、民间传说最多的一位。

吕洞宾一生乐善好施，扶危济困，深得百姓敬仰。他飞升后，家乡百姓为他修建了"吕公祠"，以示纪念。到了金代，因吕洞宾信奉道教，于是将

祠 为了纪念故去的要人名士而修建的供舍，这点与庙有些相似，因此也常常把同族子孙祭祀祖先的处所叫"祠堂"。东汉末年，社会上兴起建祠抬高家族门第之风，甚至活人也为自己修建"生祠"。由此，祠堂日渐增多，形成了独特的民风。

壁画，我国历史上也是人类历史上最早的绘画形式之一。壁画，墙壁上的艺术，即人们直接画在墙面上的画。作为建筑物的附属部分，它的装饰和美化功能使它成为环境艺术的一个重要方面。

减柱法 又叫减柱造，是我国的一种建筑方法，到宋辽之际，逐渐形成减少部分内柱以增加建筑室内空间，这种方法称为减柱法，最有代表性的是故宫的保和殿。

■ 永乐宫龙虎殿

"祠"改成了"观"。

元朝初年，忽必烈知道吕洞宾信奉的道教在群众中颇为流传，就想利用宗教和吕洞宾的声望巩固自己的统治，于是，派国师丘处机管领道教，拆毁"吕公观"，大兴土木，修建了"永乐宫"。

从修建大殿到绘完几座殿堂的壁画，历时110年，几乎与整个元朝共始终。民间流传的吕洞宾传说有三个显著特点，一是，儒、道、佛三教交融，吕洞宾修习方术，得道成仙，这是道教出世思想。二是，他成仙之后则要"度尽天下众生"，这又体现了儒家"兼济天下"的入世思想。三是，而那长生于人世、乐于施舍的所作所为，又是佛教思想的反映。从吕洞宾传说中可以看到山西民间信仰中三教文化融合的痕迹。

永乐宫是典型的元代建筑风格，粗大的斗拱层层叠叠地交错着，四周的雕饰不多，比起明清两代的建筑，显得较为简洁明朗。几个殿以南北为中轴线，依

次排列。特别是宫殿内部的墙壁上，布满了精心绘制的壁画，其艺术价值之高，数量之多，实属罕见。

永乐宫宫宇规模宏伟，布局疏朗。除山门外，中轴线上还排列着三清殿、纯阳殿、重阳殿等高大的元代殿宇。这些建筑吸收了宋代"营造法式"和辽金时期的"减柱法"，形成了自己特有的风格。

殿内绘制有精美的壁画，总面积达960平方米，题材丰富，画技高超，它继

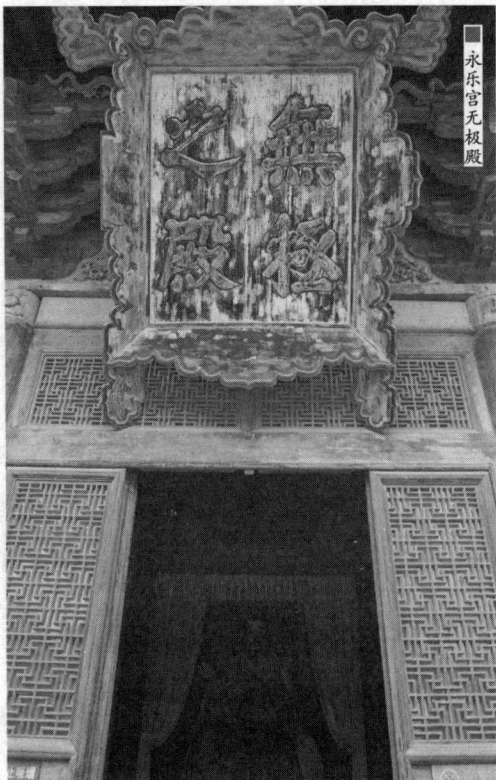

承了唐宋以来优秀的绘画技法，又融汇了元代的绘画特点，形成了永乐宫壁画的可贵风格，成为元代寺观壁画中最为引人注目的一章。

三清殿又称无极殿，是供"太清、玉属、上清元始天尊"的神堂，是永乐宫的主体建筑。殿内四壁满布壁画，面积达403平方米，画面上共有人物286个。这些人物，按对称仪仗形式排列，以南墙的青龙、白虎星君为前导，分别画出天帝、王母等28位主神。围绕主神，28宿、12宫辰等"天兵天将"在画面上徐徐展开。

其中，有一幅题名为《朝元图》的大型壁画，高4.3米，全长95米，描绘的是群仙朝谒元始天尊的情景。青龙、白虎两神为前导，南极长寿仙翁和西王母等八个主神的四周，簇拥了雷公、电母、各方星宿神及龙、蛇、猴等多位神君，还有武将、力士、玉女在旁侍奉，全

图近300个神仙朝着同一个方向行进，形成了一道朝圣的洪流，气氛神圣而庄严。

壁画中的神像虽然高度、朝向大致一样，但画面利用了不同的面部颜色、衣着和神态去表达不同神仙的身份、性格、帝君的神情多半比较肃穆，武将则全身披甲，鬓发飞扬，玉女则含情微笑，有的在对话，有的在沉思，也有些在凝神、在顾盼，形象各具特色。每个神像大都只是寥寥几笔，以浓淡粗细的长线变化，就充分表现出质感的动势来。

人物袍服、衣带上的细长线条，更多的是刚劲而畅顺地一笔画上去，好像一条条钢线镶在壁画上一样，造就了迎风飞动的飘忽感，加强了画中仙人的生动性。这种画法不但承继了唐宋以后盛行的"吴带当风"的传统，而且准确地表现了衣纹转折及肢体运动的关系，难度极高。

在用色上，则采用了传统的重彩勾填方法，以墨线为骨干，再填以金、朱红、青绿等色，配搭得很和谐，有些部分还用了"沥粉贴金法"，增强了质感的对比，增强了画像的立体感。

纯阳殿又名混成殿、吕祖殿，是为奉祀吕洞宾而建，殿宽五间，

绵延祠庙

传奇神人的祭祀圣殿

■ 永乐宫纯阳殿

进深三间，八架椽，上覆单梁九脊琉璃屋顶。殿北部一间四柱神坛，前檐明次间与后檐明间皆为隔扇门，其余为墙面。神坛上为吕洞宾塑像，扇面墙后为《钟离权度吕洞宾图》，高3.7米，面积16平方米。相对的北门门额上为《八仙过海图》。

南极长生大帝全图

南壁东西两侧为《道观斋供图》和《道观醮乐图》。东、北、西三壁以52幅画组成一部《纯阳帝君神游显化之图》，以连环组画的形式来表现传说的吕洞宾一生事迹。壁画幅高3.5米，面积203平方米。分作上下两栏，幅与幅间用山石云树连接，每一事件既单独成章，而又能通过景色相互衔接。

从总体上看，全画是一个完整的青绿山水通景。从局部上看，则是各自独立表现一定具体情节的画面。画中有宫廷、殿宇、庐舍、茶肆、酒楼、私塾、医馆、舟车、田野、山川以及形形色色的人物。而且不少画幅富有浓厚的生活气息，是当时社会生活的忠实写照，从而使宗教画在一定程度上起到了曲折反映现实的作用，这在道教壁画上是具有创造性的构想。

重阳殿是为供奉道教全真派首领王重阳及其弟子"七真人"的殿宇。殿内的壁画基本上继承了纯阳殿的表现方法。也是用49幅画面来描述王重阳一生经历。虽然壁画绘制于明洪武以后，破损也较为严

永乐宫钟吕传道图

重，但是从其反映道教有关事迹及社会生活的某些侧面来说，仍具有
定的历史价值和艺术价值。

　　永乐宫内保留下的道教壁画还有很多，体系完整，是探索我国道
教艺术发展的重要宝藏，也是我国古代美术史中具有里程碑意义的宗
教艺术品。

　　吕洞宾为唐代的一名道士，后被道教奉为神仙，是"八
仙"中传闻最广的一位仙人。有说他本为唐朝宗室，姓李，武
则天时屠杀唐室子孙，于是携妻子隐居碧水丹山之间，改为吕
姓。因常居岩石之下，故名岩。又因常洞栖，故号洞宾。

　　也有传说他是唐朝礼部侍郎吕渭之孙，因感仕途多蹇，转
而学道。《宋史·陈抟传》中记载吕岩为"关西逸人，有剑
术，年百余岁。步履轻捷，顷刻数百里，数来抟斋中"，是位
修道有术的高士。《全唐诗》中也收有他的诗作二百多首，后
世道教和民间称其为"剑仙""酒仙""诗仙"。

忠孝儒林的新津纯阳观

　　新津纯阳观，又称"古今天下第一忠孝儒林"，距成都38千米，占地80000平方米，始建于光绪年间。

　　相传在清朝道光年间，纯阳观旁边有座土地庙，附近有一个农民叫罗老二，家中仅有母子二人，全靠罗老二卖油糕供养他母亲，人称

■ 纯阳观正门

绵延祠庙

传奇神人的祭祀圣殿

■ 纯阳观内景

孝子 孔子认为，孝是一切道德的基础，是一种至善的美德。一个能侍奉双亲的孝子平时要以最诚敬的心情去周到地照顾父母，任劳任怨地服侍父母，精心照料，父母过世时，要以最哀痛的心情来追思父母，是我国传统文化的重要组成部分。

罗孝子。罗孝子每天卖油糕都要经过土地庙，每次路过他都要虔诚地朝拜土地爷。

因此感动了八仙中的吕洞宾，于是，在他的帮助下，罗孝子卖麻花很快就发了财，罗孝子不忘土地和吕仙，便将所赚的钱于咸丰初年在土地庙旁修了一座吕仙祠。后来，由于吕仙又帮助陕西商人、成都巨商庄辅臣杀了抢他银两的匪徒，所以庄辅臣来新津吕仙祠祭拜吕仙。他见吕仙祠年久失修，因而于清光绪年间捐资建成了纯阳观。

纯阳观的主体殿堂都在一条中轴线上，从南往北依次是灵祖魁星殿、三丰吕祖殿、文昌武圣殿、关岳孔子殿，每殿其实都是二殿合一，只要看殿名就能知道殿堂之上供奉的是哪位仙尊。

纯阳观内有一座仙露池，池北是灵祖魁星殿，南面塑魁星像，北面正中塑道教护法神王灵官，左右则塑佛教护法神四大金刚。魁星面目狰狞，金身青面，

赤发环眼，头上还有两只角，右手握一管大毛笔，称
朱笔，意为用笔点定中试人的姓名。魁星左手持一只
墨斗，右脚金鸡独立，脚下踩着海中的一条大鳌鱼的
头部，意为"独占鳌头"，左脚摆出扬起后踢的样子
以求在造形上呼应"魁"字右下的一笔大弯钩，脚上
是北斗七星。因为魁星主宰文运，因此在儒士学子心
目中，具有至高无上的地位。

　　灵祖魁星殿后，是三丰吕祖殿，南面供奉吕祖，
北面供奉张三丰。

　　吕祖一副帝王相，而张三丰则是布衣相。吕祖原名
吕岩，字洞宾，号纯阳子，是"八仙"中传闻最广的一
位仙人，元代时被封为"纯阳演政警化孚佑帝君"，后
世又称"吕纯阳"。王重阳创立全真道后，吕洞宾又被
奉为"北五祖"之一，故道教又尊称他为"吕祖"。

　　张三丰，本名通，字君宝，元季儒者、道士，是

三教交融

吕祖庙

■ 纯阳观内香炉

■ 纯阳观内吕祖殿

镂空 一种雕刻技术。外面看起来是完整的图案，里面却是空的，或者里面又镶嵌小的镂空物件。镂空这种雕刻技术还被广泛应用于石雕、玉雕、木雕、象牙雕等艺术雕刻领域。

武当派的开山祖师。明英宗时赐号为"通微显化真人"，明宪宗特封号为"韬光尚志真仙"，明世宗赠封他为"清虚元妙真君"。

文昌武圣殿内，南面供奉武圣关羽，北面供奉文昌帝君。三丰吕祖殿与文昌武圣殿之间，两侧均有廊房相连，廊房里塑有六位道教神像，东廊是统辖三曹大元帅、修圆通使、人天法主，西廊是威灵主尊、玄玄上人、昊天元佛真。

忠孝堂，居中，是座关岳孔子殿。孔子殿居中供奉孔子，他一生从事传道、授业、解惑，被历代尊称为"至圣先师，万世师表"。左侧是亚圣孟子、宗圣曾子，右侧是复圣颜子和述圣子思。

关岳殿主塑关羽、岳飞二圣骑马像，高3.8米。关羽跨赤兔马，左挽缰绳，右提青龙偃月刀，斜首回盼，做"勒马望荆州"状。岳飞骑白马，面容悲壮而恭谨，拱手做迎接十二道金牌状。关岳孔子殿东西两面，各有一座高亭，东为大忠亭、西为至孝亭。

大忠、至孝二亭，是纯阳观内的主要建筑，两亭均高33.8米，砖木结构，建筑面积各800多平方米。建筑格调为三重檐八角攒尖盔顶式，三层顶面系筒瓦铺成，最上一层宝顶为青花碎瓷嵌成。

亭内正中，有4根楠木柱，长20米、直径50厘米，支撑穿斗和抬梁相结合的架梁，架梁无钉无铆，是整个亭宇的主体骨架和乘力。亭子的四周分别是12根直径50厘米的石柱，支撑屋面。亭檐下雕有鎏金木刻吊瓜20个，刻工精湛。亭外四周各有44间厢房，厢房的门窗上，配有几何形和卷草花卉的纹饰，有镂空雕花、穿斗式仿清建筑的特色。

大忠、至孝二亭，造型别致，巍峨壮观，各式设计都有特别寓意，高33米，代表三十三重天。中间四根楠木大柱，寓意一年四季。廊道十二根石柱，是一年的十二个月。檐牙鳌角层层起伏二十四个，为二十四节气。四周辅以四十四间廊房，谐事事如意。两亭一阴一阳，左右相对，阳亭终年干燥，阴亭则常年潮湿。

据说如果从空中俯瞰，刚好是太极图上那两个圆点的位置，暗含太极八卦。这种建筑风格，其体量、规模、形制、内涵普天下绝无仅有，被认为是建筑典范，被我国的古建筑学家赞为"楼、台、亭、阁相结合的典型古建筑"。亭顶图案，有些像太极图，但又不完全一

■新津纯阳观关帝殿

绵延祠庙

传奇神人的祭祀圣殿

■ 纯阳观"佛"墙

样，它就是太极图的前身双鱼图。

大忠、至孝二亭及四周88间廊房内，原有历代忠孝人物塑像2000多尊，大忠亭内，正中四方各塑有忠臣一人，分别是东汉伏波将军马援、蜀汉丞相诸葛亮、唐代的郭子仪和李泌。

四周还塑有夏代至清代的忠臣精英20名，分别是夏商时代的关龙逄、比干，春秋时期的伯夷，汉代的苏武，唐代的魏征、张巡、颜杲卿、韩愈，宋代的包拯、范仲淹、宗泽、陆游、文天祥、陆秀夫，明代的于谦、戚继光、史可法，清代的郑成功、林则徐、关天培。每尊塑像都有生平事迹介绍，造像或慷慨激昂，或刚直不阿，神韵毕肖，令人敬仰。

至孝亭内则塑有历代著名孝子塑像，布局与大忠亭相同，这些孝子或是皇帝，或是官宦，也有平民百姓，他们的至孝故事感天动地。正中四方的四个人物和故事

■ 纯阳观内的题词

分别是文帝尝药、孝行感君、打柴供亲、李密陈情。

"文帝尝药"说的是，汉文帝刘恒从小就对母后薄氏非常孝顺，即帝位后，薄太后身患重病，卧病三年不起。汉文帝虽日理朝廷大事，但对母后十分关心，不仅经常侍奉母后，而且亲自尝药喂母，从未间断。他每天一边侍奉母亲，一边批览奏章，治理国家大事，因此，汉文帝的孝名流传至今。

"孝行感君"讲述的是春秋时期郑国大臣颍考叔以他对母亲的孝行感动国君郑庄公的故事，郑庄公曾对其母亲发誓说："不及黄泉，无相见也。"后来，颍考叔挖了一个隧道，取名"黄泉"，安排郑庄公与武姜在"黄泉"见面，这就是后世闻名的"黄泉相会"。

"打柴供亲"则说的是宗圣曾子的孝行。曾参家境贫寒，小时候常一边读书，一边上山打柴买米供养双亲。拜孔子为师后，他专心学习，颇得孔子真传，并著有《孝经》。

曾子 姓曾，名参，字子舆，春秋末年鲁国南武城人。16岁拜孔子为师，他勤奋好学，颇得孔子真传。积极推行儒家主张，传播儒家思想。他的修齐治平的政治观，省身、慎独的修养观，以孝为本的孝道观影响我国2000多年。著述《大学》《孝经》等，后世儒家尊他为"宗圣"。

"李密陈情"讲的是晋朝李密被晋武帝征为太子洗马的官，但诏书下了几次，李密都不应召，直到武帝动怒了，李密才给武帝写了一封信说，我父母双亡，没有祖母，就没有我的今天。但祖母现在年迈，没有我，他就活不下去，所以我不能应召。武帝感动于他的孝心，准其在家赡养祖母。

至孝亭四周，塑有董永卖身、庞氏孝姑、江革负母、缇萦救父、代父从军、晋人王祥卧冰求鲤、三国东吴孟宗哭竹、陆绩座间怀橘、南朝齐人庾黔娄尝粪忧心、北宋朱寿昌弃官寻母、黄庭坚为母亲洗涤溺器等，大都是二十四孝中的人物和故事，这些人物故事具有浓郁的生活气息和丰富的故事情节，引人入胜，启人深思。

除了忠孝亭独树一帜外，纯阳观内还有诗碑40多通，行、楷、隶、草、篆几种字体俱备，且都出自四川书法名家之手。

内容以宣扬儒家的忠、孝、礼、义思想为主体，兼容佛教和道教劝人行善的内容，其中不乏人生哲理。在这些诗碑之中，位于文昌武圣殿东西两廊出山墙上的六块诗碑最令人称奇。

■纯阳观内碑刻

龙麟碑是一块石刻有"龙"字和"麟"字的碑，是近代蜀中著名书法家醉道人所书，结构严谨，苍劲有力，飘洒自若，一气呵成。且"龙"字碑之中含"龙虎当秋日月明"七字、"麟"字碑内也含"麒麟得鹿星光舞"七字。游人观之，莫不称绝。

此外，还有四块碑刻有卷帘体七言诗8首，分别由宜宾、高县、庆符、隆昌县的善堂所题，内容清新、格调高雅，极富生活情趣。

卷帘体诗每首只有10个字，但通过顺读、倒读的变换可变为4句，组成一首美妙的七言诗篇。具体读法是：顺读一至七字为首句，四至末字为第二句，倒读一至七字为第三句，倒读四至首字为第四句。

第一块碑是卷帘体七言诗两首，每首十字，第一首是"春园满雾近空亭报好音"，第二首是"春江半钓乐鱼人欲渡津"。按照上述读法，第一首占读即成七言诗：

春园满雾近空亭，雾近空亭报好音。
音好报亭空近雾，亭空近雾满园春。

第二块碑也是两首卷帘体七言诗，其一是：炎炎夏日映人眠卧几

檐；其二是：凉风秋月戏花香楼外墙。第三块碑上的两首诗分别是：枫江半钓乐鱼蓬庆岁丰，升堂卧客醉高吟一曲熏。第四块碑的则是：春江半艇夜灯煜映蝶城，残春送舫映梅坛壮大观。

吕祖殿右前方，有一口万缘救苦钟。这口重达3500千克的大钟，钟面分别用隶书、篆书镌有"玉清道院万缘救苦钟"字样，钟身遍铸云纹、雷纹、水波纹，钟钮为蒲牢，鼓眼暴睛，栩栩如生。

钟高2.2米，直径1.2米，钟壁厚12厘米。由于该钟是金银铜铁锡五金合铸，所以又称"五金钟"。又由于轻敲重击或敲击的部位不同，金声玉震发音迥然不同，或为宫商之调，庄严肃穆，或发大吕之声，深雄浑厚，忽而嘹亮清越，余音袅袅，偶亦低哑郁沉，似存怨艾，于所以人们又把它称为"五音钟"。

每年春节期间，从正月初一到初三，新津纯阳观都会举行文化庙会。每逢庙会期间，纯阳观内外观者如潮，有川剧坝坝戏、老年演出队表演文艺节目、民间灯队的传统技艺比赛、灯谜竞猜、书法美术展览，有卖民间杂耍小玩具的、现场作糖画的、卖民间风味小吃的等，民风十足。

关帝庙是为供奉三国时期蜀国大将关羽而修建的。大将关羽在战火纷飞的三国时期，始终跟随汉室后主刘备，忠心耿耿，为蜀汉大业立下了汉马功劳。

关羽对国忠，待人义，处世仁，作战勇，人们非常崇敬他，于是到处建庙供奉，关公文化已成为我国传统文化中的一个独特现象。

关公与"文圣人"孔夫子齐名，被人们称为"武圣关公"，对后世影响很大。

关帝庙

武庙之祖解州关帝庙

　　位于山西省运城西南的解州，古称解梁，是三国蜀汉名将关羽的故乡。解州西有我国最大的关帝庙，俗称解州关帝庙。据有关碑刻记载，远在陈隋之际，解州关帝庙就已经修建了。

　　589年，隋开皇降旨要为关圣帝君在其家乡河东解梁建造一所宏伟

解州关帝庙牌坊

■ 解州关帝庙牌楼

的祖庙，便命州官张榜招贤选址。有人说，庙应建在池南常平村，因为那里是关帝的故宅，也有人说，庙应建在盐池北潞村，因为关羽曾在那里擒杀蚩尤鬼魂，为百姓除恶造福。一时间众说纷纭，州官也没了主意。

有一天，一位白须老者来见州官，他正色道："关帝庙只能建在解梁西关。"

州官问缘故，老者说："你若心诚，便需斋戒三日，然后在中条山上朝王窑头观望，便可知分晓。"说完老者飘然而去，不见了踪影。

州官只觉此人来历不凡，便依言斋戒了3天。第四天刚黎明，州官就率领众人快步登山，待东方日出时候便跪拜禀告，申明一行人的来意。

然后，他抬头朝王窑头望去，只见一团紫气平地

蚩尤　我国上古时期九黎族部落的一位首领，在4600多年以前，黄帝与炎帝结盟后，在涿鹿和蚩尤大战了一场，称为涿鹿之战。蚩尤战死，东夷、九黎等部族开始同炎黄部落融合在一起，形成了华夏族。

绵延祠庙

传奇神人的祭祀圣殿

■ 关帝庙正门

腾起，一会儿又变为青色，宛如龙头在左右摇摆，青色的龙身向西北蜿蜒伸展，在解梁西关盘桓回旋，然后穿越西湖向金井延伸而去，尾部直达金井。

到了正午时分，这条紫气青龙伏地片刻之后就开始徐徐消散，此时州官大悟，他连称：这条青龙头一身傍二水，此处真乃神龙气脉也！于是，他当即决定在解梁西关建庙，并将此事奏禀了朝廷。

后来，州官就将关帝庙的崇宁殿建在了这龙升起的地方，因此，附近的老百姓经常说，时不时就有一团紫气环绕在崇宁殿前的香炉腰部，每日清晨，还可以看到关帝庙上空祥云缭绕和雾气蒸腾，庙内的花草树木也比别处旺盛许多。

解州关帝庙，总占地面积有70000平方米，为普天下众多关帝庙占地面积之最。关帝庙坐北向南，以东西向街道为界，分南北两大部分，内外古柏苍翠，

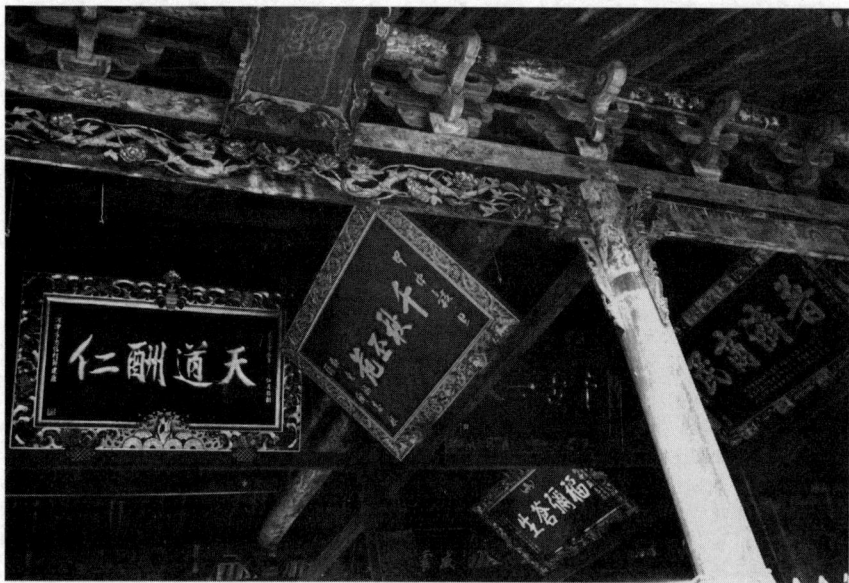
■ 关帝庙内的牌匾

百花争艳。街南称结义园，由结义坊、君子亭、三义阁、莲花池、假山等建筑组成。园内桃林繁茂，千枝万朵，颇有"三结义"的桃园风趣。

传说，关帝庙在解州西关动土后，各地人们踊跃资助，有钱的出钱，有力的出力，一时轰动天下。

木匠祖师鲁班在天上得知这一消息后，十分兴奋。他想："建造关帝庙乃是天下的一件盛事，我如不去就有负于武圣人了。"

于是，鲁班赶忙收拾好木工工具和仅有的一些铁钉，启程前往人间帮助修建关帝庙，唯恐误了大事。他来到解州，果然看见西关人山人海，万头攒动。

鲁班化为一老翁，急忙找到营造督工说明来意。不料，督工见一介老翁，且篮中都是些旧工具，便微笑着谢绝了。

鲁班气急了，说道："你莫看我老朽无力，我可

香炉 用来焚烧香的器具，多用陶瓷或金属制成。香炉不仅是寺庙中的器物，也是古代寻常百姓家中必备的一种供具。古时人们用香炉盛放香，用于拜祭天地神和祖先，是重要的祭祀器具。佛教传入我国之后，香炉开始进入佛教殿堂。

甲胄 冷兵器时代一种重要的防护性兵器，类似于现代战争中的防弹服，穿在将士身上，可以在一定程度保护将士的身体，免遭敌方进攻性兵器的重创，进而增强战斗力，并给敌方更猛烈的打击。甲胄可以使部队增强"防守反击"的战斗效能。甲胄的出现是和原始社会末期私有制出现、战争日益频繁、进攻性武器逐渐锐利等因素紧密相关的。

■ "武庙之祖"匾

以不费吹灰之力，立时将铁钉钉入石阶。"

说着，只见老翁轻举铁锤，"啪！啪！啪！"三下，火星四溅之后，三颗铁钉就牢牢嵌入石阶了。督工见了大惊失色，来不及问清老翁姓名和来历，便将建庙事宜全部委托给了老翁。

从此，在鲁班的带领下，建筑进展相当顺利，一座座宫殿很快就拔地而起，金碧辉煌，雄伟壮丽，人们见了都赞不绝口。

当因悬梁吊柱而闻名的春秋楼竣工后，督工便准备设宴向老翁祝贺，不料老翁已不辞而别了。过了几天，又有几个能工巧匠赶来西关帮助修建，并说原来那老翁就是木匠祖师爷鲁班，大家都感到十分神奇。

此后，不管过了多少年，鲁班钉的铁钉仍牢牢地嵌钉在崇宁殿前的右边石阶上，人们看后无不惊奇。

解州关帝庙的布局十分精巧，街北是正庙，坐北

朝南，仿宫殿式布局，横线上分中东西三院，中院是主体，主轴线上又分前院和后宫两部分。

前院经端门之后是巍巍耸立的三座高大庙门，采用单檐歇山顶建筑风格。中门是专供帝王进出的门，叫雉门，门楼上镶嵌着"关帝庙"竖匾。

雉门后部是戏台，是一座双昂卷棚歇山顶建筑。东面的文经门是文职官员行走的，西侧是"武纬门"，是甲胄之士通行的。

午门是一个面阔5间、单檐庑殿顶、石雕回廊的厅式建筑。周围有石栏杆，栏板正反两面浮雕有各类图案和人物共144幅，洋洋大观，颇有童趣。

厅内南有三国时期周仓、廖化的画像，轩昂威武。北面左右两侧，彩绘着关羽戎马一生的主要经历，起于桃园三结义，止于水淹七军。

崇宁殿是关帝庙的主体建筑，因宋徽宗赵佶曾封关羽为"崇宁真君"而得名。崇宁殿殿前苍松翠柏，郁郁葱葱，配以石华表一对，焚表塔两座，铁旗杆一双，月台宽敞，勾栏曲折。

崇宁殿面阔7间，进深6间，重檐歇山式琉璃殿顶，檐下是双昂五踩斗拱，雕刻富丽。殿周围回廊置雕龙石柱26根，盘龙姿态各异，个个须眉毕张，活灵活现。

■ 关帝庙内的香炉

华表 我国古代立在宫殿、宗庙、亭榭、坟墓等建筑前面的柱形标志物，原为木制的高柱，其顶端用横木交叉成十字，似花朵状，起某种表识作用，故称为华表。它一般由底座、蟠龙柱、承露盘和其上的蹲兽等组成。柱身多雕刻龙凤等图案，上部横插着雕花的石板。华表是我国古代建筑的鲜明象征。

■ 关帝庙午门

隔扇 也称格扇、长窗，是用木做成的柱与柱之间的隔断窗，周围有框架，中间划分为花心、绦环板、裙板等五道，可透光通气。根据建筑物开间的尺寸不同，每间可安装四扇、六扇或八扇隔扇。

大殿明间上悬挂横匾中的"神勇"二字，是清朝乾隆皇帝亲笔题写的。檐下有"万世人极"匾，是清代咸丰皇帝所写。下列三把青龙偃月刀，与门口的铜香案、铁鹤相映成趣，自成一种威严气势。

殿内木雕神龛玲珑精巧，内塑帝王装关羽坐像，勇猛刚毅，神态端庄肃穆。龛外雕梁画栋，雕有云龙金柱，自下盘绕至顶，狰狞怒目，两首相交，展示了关羽的英雄气概。龛上有康熙亲笔书写的"义炳乾坤"横匾一方，更增加了崇宁殿的庄严肃穆。

后宫以"气肃千秋"坊、春秋楼为中心，左右有刀楼、印楼对称而立，是进行祭祀活动的主要场所。

"气肃千秋"坊是中轴线上最高大的木牌坊。东侧有印楼，里边放着"汉寿亭侯"玉印模型，西侧是刀楼，里面列着青龙偃月刀的模型。

春秋楼是关帝庙的扛鼎之作，掩映在参天古树和名花异卉之间，显得巍然屹立、大气磅礴。楼内有关羽手捧《春秋》像，而《春秋》又名《麟经》，所以春秋楼也叫麟经阁。

春秋楼建于明万历年间，宽7间，进深6间，檐下用木雕有龙凤、流云、花卉、人物和走兽等图案，雕工精湛，剔透有致。楼内的东西两侧各有36级楼梯，可供上下。第一层上有108面木制隔扇，象征着山西历史上的108个郡县。

相传春秋楼有三绝：一绝是上层回廊的廊柱矗立在下层的垂莲柱上，垂柱悬空，有悬空之感；二绝是在第二层上，有关羽的侧身夜观《春秋》像，身旁的阁子板壁上刻满了用正楷刻写的《春秋》内容；三绝是春秋楼的楼顶，正好对着北斗七星的位置，简直十分奇绝。

全庙共有殿宇100多间，布局严谨，主次分明。殿阁嵯峨，气势雄伟。屋宇高低参差，前后井然有序。牌楼高高耸立，斗拱密密排列，建筑间既自成格局，又和谐统一，布局十分得体。

解州关帝庙内的木构建筑，是许多古人别具匠心的劳动成果，具有独特的风格，是我国古代劳动人民智慧的结晶。春秋楼的吊挂回廊就是我国建筑艺术中

■ "气肃千秋"坊

■ 关帝庙内石雕

照壁 在古代风水意识的影响下，产生的一种独具特色的建筑形式，称"影壁"或"屏风墙"，是我国传统建筑特有的一个部分，从明朝开始流行，一般都建在大门内，当作一种屏蔽物。在旧时，人们认为宅院中总是有鬼不断地穿梭往来，修上一堵墙，以断鬼的来路，因为传言小鬼不会拐弯，只会走直线。

的经典。

关帝庙除古建筑外，还有琉璃影壁、石头牌坊、万斤铜钟、铁铸香炉、石雕饰品、木刻器具以及各代石刻等艺术精品。

关帝庙内，石刻、木雕、壁画、照壁、书法牌匾比比皆是，游人信士络绎不绝，香火非常旺盛。后经过多次修葺和彩绘，关帝庙显得更加壮丽辉煌。

解州作为关公的故乡，不但很早就兴建了关帝庙，而且在其悠久的历史发展中，流传下来了许多美丽的故事，虽然这些传说故事带有很浓的神话色彩，但都反映了人们善良的愿望和对关公的崇敬之情。

在中原黄土高原上有一道奇怪的风景，凡是有关帝庙的村寨，关帝庙一律都建在村西首，这是何故呢？在民间流传着这样的一种说法。

汉末名将关羽一生追随兄长刘备南征北战，为蜀汉政权的建立立下了汗马功劳，而且，他为人忠、待人义、处世仁、作战勇，受到了历代皇帝、百姓的推崇和爱戴。历代帝王封其为帝，百姓们尊其为神。

传说关羽升天后，天上的玉皇大帝想关羽戎马一生，辗转辛苦，此时也该好好歇歇了。因此在关羽向玉帝报到后，玉帝就没有给他安排什么职位，只是让他随意走走，享享清福。

哪知关羽是个闲不住的人，他天天到人间去了解百姓疾苦，回来后就向玉帝禀奏，玉帝看到关羽这样勤于政事，实属少见，因而经常在召集天界文武百官的时候给予夸赞。

但玉帝也看到了关羽这样在人间、天界来回往返，实在太累了。于是玉帝降旨，在人间的村村寨寨建造关帝庙，让关羽在人间司管风雨，这样一来，百姓在关帝庙里就可直接见到关老爷，也省得关老爷来回奔波了，这真是一举两得啊！

黄土高原所处的地理环境，自古以来都是盛行西风雨，而关老爷司管风雨，因此关帝庙就都建在了村子的西首，因此每年的春秋两季，老百姓就会在村西的关帝庙内举行隆重祭祀活动，以乞求风调雨顺、国泰民安。

彩绘 我国自古以来一直都存在的一种建筑装饰画，被称为丹青。主要绘在梁枋、柱头、窗棂、门扇、雀替、斗拱、墙壁、天花、瓜筒、角梁、椽子、栏杆等建筑木构件上。中国建筑彩绘的运用和发明可以追溯到2000多年前的春秋时代。它自隋唐开始大范围运用，到了清朝进入了鼎盛时期，清朝的建筑物大部分都覆盖了精美复杂的彩绘。

■ 关帝庙春秋楼

关帝庙结义园

明代词人吕子固在《谒解庙》诗中曾无限感慨地吟咏道:

正气充盈穷宇宙,英灵烜赫几春秋。

巍然庙貌环天下,不独乡关祀典修。

这真实地反映了人们对关公的崇拜和敬仰,以及关帝庙遍布天下的盛况。

阅读链接

宋徽宗年间,在解州发生了一场灾害,盐湖连续8年没有出过一粒盐。根据上古传说,蚩尤与黄帝大战战败后,他倒地化为盐池,后来盐池不出盐,人们认为是蚩尤在作怪。

由于解州盐池收入占当时朝廷总税收的六分之一,这让宋徽宗很是担心,就请龙虎山的天师道掌门人张天师前来作法除妖。尽管张天师用尽浑身解数,但是也不见任何效果。

于是,宋徽宗想到了关羽,便设坛请关公下凡帮助战胜蚩尤。果然,关羽下凡之后,盐池就重新出盐了。关羽的威名不胫而走,在人们心中的名望也陡然大增了,祭拜他的人也更多、更虔诚了。

武圣故里常平关帝家庙

常平关帝家庙是关羽家乡的人们仰慕关羽的英武和盛德，在隋朝初期建造的一座祠堂。

关帝家庙的南侧依巍峨秀丽的中条山，北临碧波万顷的天然盐湖。整个庙宇的布局采用了"前朝后宫"的建制，以及中轴对称的宫

■关帝家庙

■ 关帝家庙石牌坊

殿建筑手法。

　　我国的关帝庙虽然很多，但关圣家庙却仅此独有，天下无双。关圣家庙也称关帝祖祠，位于关公故里的运城常平村，与解州关帝庙遥相呼应，始为祠堂，至金代形成庙宇。

　　据明神宗时魏养蒙所撰的《重修常平关圣家庙碑记》可知，金代王兴于1177年创建正殿3间，转护环廊40间，寝殿、仪门各3间。

　　后来又由常平村人胡铊对庙宇进行局部修葺及增扩，至兴建圣祖殿之后，再无修葺。

　　常平关圣家庙又称常平关帝庙、关帝祖祠，距解州关帝庙近万米，南依中条山，北临古盐池，山清水秀，风景优雅，是块难得的风水宝地。

　　相传，这座庙所在之地，原是关羽的故宅，关羽从出生到杀了恶霸之前，一直都生活在这里。后来，关羽杀了为害乡邻的恶霸吕熊，不得不出逃避难。恶霸的后人和官府进行勾结，捉拿关羽不成就打算对关家斩草除根，诛灭九族。

　　于是，常平村里的关姓人都纷纷逃到古村一带去避难，唯有关羽的父母因年迈行走不便，最终投井自尽了。人们为了纪念关羽的父母，就在那口井上修建了一座塔。

关羽死后，乡人仰慕他的忠义和盛德，就在塔的基础上修建了祠堂，四时进行奉祀。到了金代，又增修了具有一定规模的建筑群，取名"关圣家庙"。

这些建筑群一直都被完整地保存着，尤其是这里的始祖殿、娘娘殿、太子殿及精美的明末清初塑像，是其他关帝庙所没有的。

据史书记载，隋代以后，随着历代帝王对关羽的逐级追封，庙堂也在不断地增建和扩建，仅从明代嘉靖皇帝修茸之后，关帝家庙就整修或增建达16次之多，所以大部分的建筑多为清代以前遗构。

常平关帝庙占地15000多平方米，多为砖木结构，琉璃瓦顶。庙前立有3座牌坊，左右木构，中为石雕。

庙院内，中轴线上由前向后依次建有山门、午

九族 泛指亲属。一说九族是指上自高祖、下至玄孙，即玄孙、曾孙、仍孙、子、身、父、祖父、曾祖父和高祖父九族；另一说是父族四、母族三、妻族二。父族四是指姑姑的子女、外甥、外孙、同族的父母、兄弟、姐妹和儿女；母族三是指外祖父、外祖母和娘舅；妻族二是指岳父和岳母。

■ 关帝家庙内景

绵延祠庙

传奇神人的祭祀圣殿

■ 关帝家庙木牌坊

冕旒 古代大夫以上所戴的礼冠和帝王所戴的冕冠。帝王所戴的冕有十二旒，诸侯九旒，上大夫七旒，下大夫五旒。在帝王的冕旒前端，有一块前圆后方的长形冕板，叫"延"，象征天圆地方。据说，置旒的目的是"蔽明"，意思是告诫帝王要洞察大体，包容细小的瑕疵。

门、享殿、崇宁殿、娘娘殿、圣祖殿6座殿宇；两侧配以厢房、配殿、回廊等，主从有序。

庙宇坐北朝南，规模宏伟，布局严谨，殿阁壮丽。庙前建牌坊3座，位于东西两侧者为木结构，三门四柱庑殿顶，分别名为"灵钟嶻海"和"秀毓条山"；居中者为石结构，正前方置铁狮一对，明间门额书"关王故里"4个大字。

在总体布局上，常平关帝庙与解州关帝庙同样沿袭了"前朝后寝"的形制。山门、午门、献殿均是面阔3间，单檐悬山顶，灰色的筒板瓦覆盖，绿琉璃瓦剪边。

关帝殿面阔5间，四周有围廊，全部采用重檐九脊顶。殿内木雕神龛装饰富丽。

崇宁殿是庙内的主体建筑，建于砖砌台基之上，面阔5间，进深4间，四周回廊均进深1间，总面阔7间，总进深6间，重檐歇山顶，绿琉璃覆盖，施花琉璃脊饰。

大殿明间施板门两扇，左右次间施直棂窗；殿内木雕神龛装饰富丽，内置关羽像，关羽头戴冕旒，身着帝装，气宇轩昂地端坐在龙椅上。在龛内外还侍奉着4个人，恭谦微谨。神像造型丰满，神态逼真。

娘娘殿面阔与进深各5间，重檐歇山顶，殿前檐建插廊，有垂花门，左右两侧建配殿，自成院落；殿内神龛供关夫人像，左右两侧侍女像有的持帕，有的握笏，恭身肃立，是清朝时期塑像的佳作。

圣祖殿在庙宇后端，建于1773年，面阔3间，单檐悬山顶，灰色筒板瓦覆盖，置于砖石构筑的台基之上，殿前月台宽敞，殿内供关羽始祖、曾祖、祖父和父及三祖夫人像，为普天下武庙所罕见。

关帝家庙内，还有八角七层砖塔一座，高约15米，传为关羽父母亲之墓。塔身上下收分幅度较大，层间叠涩出檐，反叠涩收进，形成下层塔檐和上层基

■ 常平关帝家庙崇宁殿

关帝家庙圣祖殿

绵延祠庙

传奇神人的祭祀圣殿

关兴 字安国，三国时期蜀国的大臣，是关羽的第二个儿子，继承了父亲关羽汉寿亭侯的爵位。关兴从小就沉默寡言，习惯单独思考，是个万事都能妥善处理的天才，深受诸葛亮的器重，在蜀汉担任侍中、中监军等重要的职位。诸葛亮北伐时，关兴出任龙骧将军、左护卫使，后病死。

座，顶上砌筑有圆盘，可惜上面的塔刹已经不存在了。砖塔持重，端庄稳健，平素无饰，历经了明嘉靖年间的河东大地震，却安然无恙。

庙南的中条山下古柏苍翠，石碑林立，是关氏祖坟的所在地。从关圣家庙至关氏祖坟的通道上曾建有献殿、祭台等。

庙内有各种碑碣数10通，这些碑刻记述了流传在民间的关羽故事，以及历代对关羽的封号及关族的世袭情况，是研究三国历史的珍贵资料。

关圣家庙古木参天，盘根错节，苍翠蓊郁，虬枝纵横，几乎每株古树都有隽永神奇的传说。

娘娘殿院内有古桑一株，在明朝时期就已经种植了，树龄超过了500年，粗可合围，表皮为鳞状，称为"麒麟皮"。

一般桑树所结桑葚一年仅成熟一次，但是这株桑树的桑葚却于一年之内五熟五落。古桑树下有5条树根，约碗口粗细，裸露于地面约1米。

根部上方的树干距地面约5米处蜿蜒伸出了5株粗枝，不但与树干下的五条祖根相互呼应，也与家庙中供奉关羽的曾祖、祖父、父亲、关羽本人、关羽子关平及关兴五代暗合，号称"五世同堂桑"。

庙院内娘娘殿内另有古柏一株，名为"云柏"，树干中裂，以铁箍环护，树身倾斜，与地面呈45度角，直指万米之外的解州关庙。

每至严冬，大雪纷飞，笼罩万物，此柏却落雪必化，丝毫没有覆压的积雪，所以也被叫作"热柏""化雪柏"和"无雪柏"，这类树种属于濒危植物，已实属罕见。

在庙内的主体建筑崇宁殿前檐的左右两侧各有古柏一株，名"龙"柏和"虎"柏，两柏主干内侧距地面约1米处树皮凸凹错落，形成了龙身和虎首，浑然天成，惟妙惟肖，令人称奇。

乡里有一种习俗，就是以红绳缠绕龙柏和虎柏的躯干，然后裁龙柏、虎柏所缠红绳的一段作为幼子的项圈，认其为"干爹"，可保佑子女健康成长，洪福齐天。

阅读链接

宋徽宗是第一个对关公进行追封的帝王。宋徽宗在阅读典籍的过程中发现关羽有勇有谋、讲义气、忠心耿耿，正是自己朝中所缺和急需弘扬的精神，于是就在1102年追封关羽为"忠惠公"。

第二年宋徽宗又以"教主道君"的身份，封关羽做了"崇宁真君"，使关羽在道教中获得了一个正式的地位。1108年，宋徽宗提拔关羽做了"昭烈武安王"。

1123年，金兵南下，前线将士无心恋战，连连败退，形势十分危急，宋徽宗再一次改封关羽为"义勇武安王"，想借助关羽的义勇来激励将士们的斗志，希望他们能够奋勇杀敌，保家卫国。

依山临海的东山关帝庙

关帝神像

福建东山关帝庙位于铜山古城中岵嵝山下，也被称为武庙。

670年，左郎将陈政和将军陈元光奉唐高宗李治的旨意开发闽南，跟随他们的士兵带来了中原家乡供奉的关羽神像香火，这就是福建东山关帝信仰的来源。

据有关考证，东山关帝庙还是我国台湾众多关帝庙的香缘祖庙。那是在明朝时期，朝廷出于防范倭寇侵扰的考虑，在东山建立城池。

■ 关帝庙武圣殿

由于关帝是忠勇的象征，所以守城官兵为了保佑自己，开始建造关帝庙。

东山关帝庙始建于1387年，又于1508年扩建。在庙的大殿石柱镌刻有"大明正德吴子约敬送"字句。

东山关帝庙依山傍海，面向烟波浩渺的东山湾，依地势逐级递高，层层而起，气势雄伟。整个关帝庙的木结构部分为明代，部分为清代和近代建筑。

庙宇属抬梁式木构架建筑，面阔三间，进深六间。总长40米，宽17米，面积680多平方米。悬于山顶，绿色的瓦。多是石梭柱，柱础鼓状。

庙前有一大广场，石雕栏杆，叠隔其间，莲花池居于广场正中，绿水满波映衬古庙。庙前有明清时代雕刻的石狮四对，昂首威猛，神气各殊。

庙门是用六根石柱顶托着数百支纵横交错和承力均匀的木制拱梁。拱梁上建有一座宫殿式的楼亭，叫

忠勇 "忠"是儒家思想的核心之一，指为人诚恳厚道、尽心尽力，尽力做好本分的事。有忠诚无私、忠于他人、忠于国家及君主等多种含义。"勇"也是儒家伦理范畴。指果断、勇敢。孔子把"勇"作为施"仁"的条件之一。"勇"必须符合"仁、义、礼、智"，而且不能"疾贫"，才能称其为勇。

瓷雕 是绘画和雕刻相结合，将绘画、书法等艺术形式表现在瓷器上的一种特殊的艺术手段，是在没有彩绘的白瓷上刻上绘画或文字。刻在器皿上的，如盘、碗、花瓶、茶具、文具等，尚有工具的作用；刻在瓷板上的再配上红木架子，则纯是艺术品了。

■ 福建东山武圣殿匾额

作"太子亭"。

特别值得一提的是，支撑太子亭的石柱是由外向内倾斜的，这在其他建筑上是罕见的。从建筑结构角度来说，这样更有利于维护太子亭的稳定。太子亭不但建筑艺术高超，而且有很高的建筑科学价值。

东山靠海，每年都会受到台风侵袭，同时历史上也有过多次比较大的地震，但太子亭历经600多年，尽管重心那么高，却仍然保存完好，这和这种倾斜支撑的石柱有密切关系。

太子亭上有各种闽南瓷雕组成的图案，正面是"八仙过海"和"兽图"，有麒麟、象、狮、虎、鹿、羊、骡、豸等。

屋顶上用剪瓷雕塑造了120个英雄人物，如李世民登基、樊梨花征西、岳母刺字、穆桂英挂帅等，造型生动，千姿百态。

■ 关帝庙塑像

忠义之魂
关帝庙

这些是最具闽南地方艺术特色的剪瓷雕。其制作方法是根据不同人物造型，用泥胎制成形，再将彩色瓷片根据人物造型需要剪碎贴上。

这种传统艺术过程十分烦琐，需要有精湛的工艺才行。剪瓷雕有两个特点：一个是不会褪色，可以长时间保持色彩鲜艳；另一个是在阳光照射下闪闪发光，流光溢彩，有一种金碧辉煌的感觉。

关帝庙的中轴线与隔海相望的文峰塔相对，中轴线与塔尖成一条直线，在古代没有任何精密仪器的情况下，还能建造得如此精确，确实罕见，真可谓巧夺天工啊。

大殿、前殿屋脊都塑有"双龙抢珠"及"凤凰飞舞"的瓷雕。庙内的金木雕和石雕更是巧夺天工，金碧辉煌。主殿下的水磨青色大陛石上，雕刻一条罕见的盘龙，腾云吐珠，峥嵘露角。

八仙过海 道教传说吕洞宾等八位神仙途经东海去仙岛，他提议各自投一样东西到海里，然后各显神通过海。于是铁拐李、蓝采和、韩湘子、吕洞宾、张果老、汉钟离、曹国舅、何仙姑分别把自己的拐杖、花篮、箫、拍板、纸驴、鼓、玉板、竹罩投到海里，站在上面逐浪而过。

大学士 又称内阁大学士、殿阁大学士等。明成祖选翰林等入职文渊阁，参与机务，称为内阁，有人便渐升为大学士，但品阶只有正五品。明仁宗增置谨身殿大学士，后大学士常兼任尚书，地位尊崇，为皇帝起草诏令，批奏章，虽无宰相之名，却有宰相实权，号称辅臣。

据说这样的盘龙大陛石在普天下只有两块，另一块在北京的故宫，是同一对师徒雕刻的。

关帝庙里的鎏金木雕和石雕刻都出于历代名家之手，绝对是上乘珍品。

主殿石柱上悬挂着明代武殿大学士黄道周题写的一副对联：

数定三分，扶炎汉，平吴削魏，辛苦倍常，未了一生事业；

志存一统，佐熙明，降魔伏虏，威灵丕振，只完当日精忠。

这副对联概括了关公一生的丰功伟绩，也表达了黄道周对关公的仰慕之情。

大殿有3个门，中门两侧各有一石鼓，石鼓上架着蟠龙镏金木棒，称为"龙档"或"皇档"。顾名思义，龙档就是将人们挡在外面不能从中间门进关帝庙，只有皇帝来了才能从中门进，这也是表示对关帝的敬意。

庙内还保留有许多明清和近代的石刻、木刻、对联以及匾额。主殿的正中央，悬挂着关帝庙的镇殿之宝，也就是清朝咸丰皇帝御笔的"万世人极"的匾额，

■ 清代关帝庙琉璃池

这是对关羽最高的评价，意味关羽的品格是后世人们学习的榜样和做人的准则。

在这个匾额的下面有两尊关帝神像。一尊被称为"镇庙神"，是根据《三国演义》中关羽的形象描绘雕刻成的。

另一尊关帝神像是坐在轿子里的，可以移动。每到关羽诞辰期间，东山人们就会抬着这尊关羽神像在大街小巷游走，以示恩泽百姓。

在关帝像两边还有四尊泥塑，分别是关羽生前的四员大将：持大刀的是周仓，捧大印的是关平，另外还有王甫和赵累。这四员大将跟着关羽驰骋疆场，屡建奇功，死后也忠心耿耿地护卫在关羽的身边。

大殿东侧悬挂着一口清朝道光年间所铸造的铜钟，声音洪亮，响彻天际。整座关帝庙布局严整有序，气魄非凡。

值得一提的是，普天下的关帝庙，在关帝座前的只有两名侍将，一个是持刀的周仓，另一个是捧印的关平。唯独东山的关帝庙与众不同。

除了持刀的周仓外，其身后神龛里还坐着另一个周仓，而且相貌也和立着的周仓有所不同，是白净脸庞五绺须。这是为什么呢？

■ 福建东山关帝庙房檐建筑

083

忠义之魂

关帝庙

对联 也叫作楹联或对子，是我国古代语言最为独特的一种艺术形式。对联习俗源于我国古代汉语的对偶现象，一般写在纸、布上或者是刻在竹子、木头和柱子上。对联讲究对仗工整，平仄协调，字数工整，是中华民族文化的瑰宝，对于弘扬民族文化有着重要价值。

■ 关羽塑像

缙绅 我国明代的封建特权阶层，地位仅次于贵族地主，是明朝维护封建统治最为重要的一个阶层，包括各级官吏以及国子监和府州县学的生员。同时，他们的妻子也享有相应的特权。后来统称为当官的，或者说是曾经做过官的人。

这里面还有一个神话典故。说是宋末忠臣陆秀夫曾经附神在东山关帝神像上，享受民间的香火。后来，宋朝幼主赵昺也附神在了周仓的身上。

这一来，陆秀夫就大伤脑筋了。按庙里神位，关帝为主，周仓是侍将。但是，赵昺终归是君，自己毕竟是臣，总不能叫主子天天站立在自己身旁吧！这该怎么办才好呢？陆秀夫只好托梦给关帝庙的庙祝。

后来，还是东山老百姓给想出了一个两全其美的办法。他们给宋帝赵昺附神的周仓另外安排了一个座位，立了一个神龛在旁边，并免除了他持刀的职务。等到关帝出巡时，另备白马一匹，供他代步。

但是，人们总觉得在关帝座前，仅有关平侍立，看起不顺眼，所以又塑了周仓原形，持刀侍立，这就是东山关庙有两个周仓的原因了。

其实，这种传统，只不过是戍边的将士借关羽不忘故乡的忠义，来寓托自己不忘故乡的情思罢了。

我国台湾的关帝信仰是仅次于妈祖信仰的第二大民间信仰。岛内的几百座关帝庙，都是从东山关帝庙分灵过去的。

据说在明朝万历年间，有一艘泉州的船舶在铜山港停泊，船主姓陈，他听说关帝神威灵应，就特地到关帝庙进香，请求分灵到船中奉祀。

后来，船主将船中奉祀的关帝送到了我国台湾的凤山，也就是后来我国台湾的高雄，兴建了文衡殿，成为了我国台湾南部较早的关帝庙。

东山关帝庙充满着不少神秘色彩。修建东山铜陵关帝庙的不是官府、缙绅和道士，而是来自南少林寺的高僧，它是普天下最奇特的释道儒三教合一的民间信仰神祠。信徒共尊的神明，千余年而不绝。

据该庙《铜陵关帝庙世系略谱》记载，该庙自清初起被南少林武僧香花僧管理了几百年，普天下能够做到佛谛俗谛并观的实属难得，这不能不说是我国宗教民俗文化史上一个非常奇特的文化现象。

东山关帝庙香火鼎盛，历数百年而不衰，东山人们对关帝的崇拜至诚至敬无以复加，可以说是普天下关庙之最。

东山的人们，几乎家家户户大堂正中都悬挂着关帝的画像和楹联，历代相传已成民俗，其普及之广普天下绝无仅有。

每逢农历初一、十五，很多东山人会到关帝庙来拜

佛谛俗谛 佛谛是指佛教教义。意谓真理或实在。主要有二谛、三谛、四谛等不同说法。俗谛又称"世谛"或"世俗谛"，指佛教依照事物的现象来阐述一些通俗易懂的道理，以便更好地让世人理解。又可引申为浅显的道理。

■ 翡翠关公像

烟雾缭绕的关帝庙

关帝。不管遇到什么大事小事，都会到关帝庙来求签，求关帝指点迷津。

传说明末将领郑成功在出兵收复我国台湾之前，就曾到东山关帝庙求得吉签，他果然旗开得胜，收复了台湾。

总之，东山关帝庙是我国古代文化的精品，是关帝文化极其重要的历史丰碑。

阅读链接

相传明代正德年间，有人得到了一块上好的陛石，当时东山关帝庙正在重修，这人就将陛石献给了关帝庙，并请来师徒两人雕这块石头。

师傅决心将这块陛石雕成一块独一无二的盘龙石雕，可是刚开工之时，师傅恰好家中有事回家了。

这徒弟左等右等不见师傅回来，就大胆地试着运用压缘法的雕刻技法，将盘龙雕刻在这块陛石上了。

待师傅从家中赶回来时，看到徒弟的杰作大加赞赏说："真是有状元学生，没有状元老师啊！"

林庙合祠的洛阳关帝庙

洛阳关帝庙也称关林庙，位于河南洛阳城南近7000米的关林，北依隋唐故城，南临龙门石窟，西望熊耳青黛，东傍伊水清流，是武圣关羽葬首之所，也是我国唯一的林庙合祀的古代经典建筑。

洛阳关帝庙始建于汉代，经明朝重新修茸后，占地达180余亩，有

■ 洛阳关帝庙

绵延祠庙

传奇神人的祭祀圣殿

■ 关林庙

乳钉 我国古代
常用的一种纹
饰，乳钉经常出
现在青铜器上，
是最简单的一种
纹饰，通常是排
成单行或者是方
阵的凸起乳突。
还有一种图案，
就是乳钉置于斜
方格中，称为斜
方格乳钉纹。乳
钉盛行于商周和
殷周时期，最初
乳钉的突出比较
高，周边还有呈
柱状形的。

明清殿宇廊庑150余间。

关林的主要建筑均在中轴线上，关林正门为5开间3门道，朱漆大门镶有近百个金黄乳钉，享有帝王的尊贵品级。

正门上，有12幅明代浮雕木刻，说的是桃园三结义、三英战吕布等故事。

大殿正中为关公身着帝王冠服的坐像，面上涂金。左边是周仓、廖化，右边是王甫、关平。周仓持刀，关平捧印，皆穿铠甲，廖化、王甫则是文职装束，面带笑容，像皆高逾5米，背后又有关羽、关平和周仓3人的戎装像。

二殿即武殿，上面的匾额"光昭日月"为光绪题字，正中关羽戎装座像，周仓、关平分侍左右。传说关羽为丹凤眼，平时眯着，一旦睁开，那就预示着关羽要惩奸除恶了。

这座关羽座像就是睁着眼睛的，他目视东南，面带杀机。因为东南方向正是东吴的地界，关羽被东吴所杀，所以怒视东吴，誓要向孙权讨还命债。

三殿即春秋殿，硬山式建筑结构，面阔五间，规模较小，内塑关羽夜读《春秋》像、关羽出行图和睡像，所以也被称为寝殿。读书像中关公的长髯几乎要垂到地面，凸起的"将军肚"是这座像的精华。

据说古时候为了把人像塑造得威武不凡，通常会采取两种做法，一种是把像塑得很高大，另一种是给人物塑一个将军肚。关公睡像有个机关，一按动这个机关，这个像就能坐起来。

关林俗称关帝冢，关羽墓就建在轴线建筑的最后。关冢平面为不规则的八角形，围墙用砖砌，占地约250平方米，冢高10米，犹如山丘。

王甫 三国时期蜀国的一位武将。本为刘璋部下的州书佐，之后归降刘备，是关羽的随军司马，曾经按照关羽的吩咐在长江沿岸建造狼烟台，以抵御吕蒙的攻击，后来荆州沦陷，同关羽一起困在麦城，当得知关羽父子被杀害的时候，拒绝投降，大叫一声跳城而死。

■ 洛阳关帝庙内关帝塑像

传说关羽的首级就埋葬在此冢内。冢前的石墓门为1707年所立，额题"钟灵处"3个大字。墓门两侧刻有对联：

神游上苑乘仙鹤；
骨在天中隐睡龙。

表达了人们对关羽的思念之情。

石墓门上留有两个投币用的小孔，左为祈求平安，右为求财。人们在此拜过关公之后就将硬币分别投入孔内，若听到当啷之声，就意味着心到神知，会得到关公的庇护。

关冢始建于汉末，如今绿草如盖，高峻出尘，虽江山已改，但关冢依然。"关林翠柏"是"洛阳八小景"之一，古柏千章，葱茏回合，每当大雨急住乍晴之时，云气如烟，似袅袅香篆，悠悠绕冢流走，奇幻异常。

根据陈寿《三国志·武帝记》记载，220年春，曹操到洛阳不久，孙权就袭击并擒杀了关羽，最后派人将关羽的首级献给了曹操。

刘备、关羽、张飞桃园结义之后，关羽跟随刘备转战南北，为匡复汉室

■ 关羽石墓门

立下了汗马功劳。219年，关羽发起襄阳战役，斩庞德，擒于禁，威震朝野，孙权弃信义背叛孙刘联盟，出兵偷袭荆州，致使关羽功亏一篑，败走麦城，突围时在当阳西北被孙权的部将潘璋和吕蒙虏获杀害，大义归天。

■ 关林庙碑亭

孙权害怕刘备起兵为关羽报仇，就将关羽的首级连夜献给身在洛阳的曹操，企图嫁祸于他。曹操识破孙权的计谋，又敬重关羽的忠义，就刻沉香木续为躯，以王侯之礼厚葬关羽于关林。

千百年来，关林都因厚葬关羽首级而名闻天下。这里峻宇连甍，古柏森然，淄素入庙，视为严宫，形成了浓厚的关公文化氛围。

汉代在关庙原址扩建才形成了庄严宏伟的关羽朝拜圣域。

张飞 字翼德，河北涿郡豪绅，三国时蜀汉名将，雄壮威武，颇有胆识，被称为"万人敌"。他跟随刘备起兵。曾率领20骑阻挡了数千虎豹骑追兵，助刘备脱险。入川后又出奇兵破敌将张郃于宕渠。张飞性格豪爽，敬君子而不恤小人，曾义释严颜，又爱鞭挞部下。官至车骑将军，封西乡侯。与关羽、诸葛亮并称"蜀汉三杰"。

1648年，清顺治皇帝谥封关羽为"忠义神武关圣大帝"，立碑建奉敕碑亭。亭盖坡面覆满了绿色的琉璃筒瓦，瓦头雕龙，雄狮、宝瓶、仙人沿脊排列，这在清代亭式建筑中是少见的。

碑亭结构十分复杂，拱昂上下连接，环环相扣，形成了一座密檐式亭盖。整座碑亭没有一颗铁钉，均为木榫结构，构筑十分奇巧，造型典丽，尽显鬼斧神工之妙，虽历经百余年风雨，但仍巍然屹立，充分显示了民间艺术家惊人的创造力。

亭内立有"忠义神武灵佑仁勇威显关圣大帝林"碑，碑阳屡有变化，碑阴刻有董笃行在乾隆年间撰写的关羽生平事迹及封号等情况。

1666年，清康熙帝敕封洛阳关帝冢为"忠义神武关圣大帝林"，此后，历代帝王不断对关帝冢加封，乾隆皇帝谥封为"灵佑"，庙碑磨石重刻。嘉庆皇帝追封为"仁勇"，庙碑再次磨石重刻。后来，道光皇帝也谥封关帝冢为"威显"。

每年这里都会举办隆重的洛阳关林朝圣大典，届时，天下的关庙人士和宗亲组织就会云集在关林，举行盛大的朝拜仪式，关林成为海内外华人谒拜的圣域。

阅读链接

据说关羽并不姓关，而是姓冯，名贤，字寿长，从小就力大无穷，非常具有正义感，并且不受管束，因此，父母对他的管教甚严。

一天，冯贤在街上闲逛，碰到一对父女，因县尹舅爷要强娶小女为妾而抱头痛哭。于是，愤怒的冯贤仗剑前往县署，杀了尹舅爷，逃到了潼关。

见捉拿他的官吏手中持有画像，他就随手抓了一把鸡血涂在脸上，指关为姓，指鸟为名，骗过了对他盘查的官吏。可是，涂在他脸上的鸡血却无论如何也洗不掉了，于是，冯贤就改名为关羽，以红脸示人，成了一位赤面长须的英雄。

关羽长眠之地当阳关陵

湖北当阳关帝庙也称关陵，是埋葬关羽身躯的地方，距当阳3千米，是我国著名的四大关庙之一，它始建于东汉，称"汉义勇武安王祠"，1536年整修陵庙，始名关陵，已经有1700多年的历史了。

219年，关羽败走麦城后被吴兵所杀，孙权怕刘备报杀弟之仇，就将关羽的首级献给曹操，并将关羽的正身以侯礼葬于当阳城西北，是一座土冢。

■当阳关陵

绵延祠庙

传奇神人的祭祀圣殿

玉泉寺 我国佛教天台宗祖庭之一，是禅宗北宗祖庭唐国师神秀的道场，也是伽蓝菩萨的道场，是关公信仰的发源地。宋景德天禧年间，玉泉寺被改额为"景德禅寺"，寺院达到了历史最大规模，被誉为"荆楚丛林之冠"。明初，玉泉寺恢复名号，并在明万历年间赐予了"荆楚第一丛林"的匾额。

自隋唐以来，历代皇帝就一直给关羽加封，使其成为武圣人，直至关帝，他的陵园也随之不断扩大，形成了宏伟壮观的规模。到了嘉靖年间，已成为陵园建筑群，始名关陵，并且一直沿用。

关陵坐落在当阳西约3千米处。陵庙坐西朝东，面临沮水，与景山遥遥相望。宋代以前，关羽墓冢还是座掩隐在林木中的小土丘，1188年，襄阳太守王铢对关羽墓培土加封，并"始建祭亭，环以垣墙，树以松柏"。

元朝时期，玉泉寺住持僧慧珍派僧人到关羽墓地，重新修茸山门，并留在那里看管陵墓。1467年，当阳知县黄恕上书朝廷，请求为关羽墓地建庙，得明宪宗恩准后，才大兴土木，形成庙院，建筑群体落成于明1536年，占地近百亩。

关陵建筑群以宫墙相连，全是红砖黄瓦，富丽堂

■ 当阳关陵石牌坊

皇。陵园中轴线上由前而后依次排列着神道碑亭、华表、石坊、三圆门、马殿、拜殿、正殿、寝殿、陵墓。两侧分设八角亭、春秋阁，碑廊等。

正殿为主体建筑，前檐悬"威震华夏"金匾。殿内供奉着关羽父子和周仓的塑像，造型生动，威风凛凛，气概不凡。

寝殿内有一座高近4米、重约800千克的关公铜像。寝殿后的墓冢，高7米，周长70米，甃石为垣，加上石雕栏杆，刻有"巨龙如海"等图案。墓前碑亭中，立有"汉寿亭侯墓"碑。

整个陵园的风景幽丽，古柏参天，远山近水，四季常青，加之三国故事脍炙人口，关公品德世人景仰，所以常有信士前来拜谒凭吊。

起先，人们在当阳关陵祭拜关羽的时候，是手捧三炷香，在关庙内对着关羽像，口念求关老爷保佑平安等祈福之类的话。后来，逐渐演化形成一套完整的"仪注"。

当阳的关陵庙祭祀与之有所不同。明清时期，当阳关陵施行的是春秋两祭。春祭为农历四月初八关公的封爵日，秋祭为农历九月十三即关公的升天日。后来，关陵祭祀改为农历五月十三一次祭。

关陵祭祀的等级和形式很有讲究。清代当阳关陵春祭由宜昌总镇兵官主祭，秋祭由荆门直隶州守主祭。拜殿设坛，正殿前设三牲祭品，寝殿和陵墓神位前各设香盏果品，参祭官员斋戒沐浴，依品阶从三元门中门和左右侧门进入。主祭官员率僚属在正殿神像前的拜殿内行叩拜礼，烧香化纸，由礼仪师行令和诵祝文。

同时，在庙内也开展一些狮子、高跷、采莲船、腰鼓等民间艺术表演，也有大型民俗剧当阳杀故事《关公过五关》等艺术精品，是关陵庙会上最吸引人眼球的一个亮点。

祭祀期间，各地商贾云集，官人游客，人物荟萃。经商的，卖艺的，开店的，唱戏的，七十二行各显神通，形成了庙会。庙会在满足达官贵人祈安求福的同时，也促进了城乡物资的交流，满足了老百姓的需要。

阅读链接

关羽死后，孙权曾经将关羽的首级放在一个匣子内献给了曹操。曹操打开匣子一看，只见关羽口开目动，须发皆张。

曹操吓得大惊失色，虽然他曾想过要杀关羽，但当他真见到关羽首级时，却浑身颤抖，他哆嗦着说："关羽怎么活着令人敬畏，死了仍然这么让人害怕呢！"

于是，下令设牺礼祭祀，刻沉香木为关羽刻制了一副身躯，用王侯的礼仪将关羽下葬在了洛阳的南门之外，并且还亲自前往拜祭关羽。

虽然这个传说明显是后人夸张渲染的，但是在关羽死后，头的确是被葬在了河南洛阳，身子葬在湖北当阳。在洛阳、当阳各有一处关羽墓，所以都说关羽"头枕洛阳，身卧当阳，魂归山西。"

药王是我国民间对古代名医的尊称，又称医王。因时代、地区不同，药王所指人物也不同。

其中著名的有春秋时期的扁鹊，东汉时的邳彤，唐代的孙思邈、韦慈藏、韦善俊和韦古道等。这些名医在后世不断被神化，被人们奉为药王，并设庙祭祀，称为药王庙。

各地有安国药王庙、耀县药王庙、合肥六谷祠和密云药王庙等。这些地方是人们祈求健康平安的庙宇，庙内香火繁盛，形成了我国一种独特的庙宇文化。

救死扶伤

药王庙

最大医圣庙宇安国药王庙

　　河北省安国古称祁州，安国药王庙也叫"皮王神阁"，始建于东汉年间，是药王邳彤的供奉之所，也是我国规模最大的医圣纪念庙宇建筑群。

■ 安国药王庙

■ 安国药王庙匾额

药王邳彤是东汉王朝的开国功臣，在二十八宿将中具有举足轻重的地位。汉光武帝刘秀的儿子汉明帝刘庄为了表彰邳彤，特意下旨令宫中画匠为邳彤画像，并同邓禹等二十八位开国功臣画像一起悬挂在南宫的云台。

普天下的老百姓都说，天上的二十八星宿是在玉帝的授意下化成了云台二十八将，刘秀能平定天下可全靠这些下凡神仙的帮忙了。

据《后汉书》记载，邳彤"一言可以兴邦"，满腹文韬武略，是难得的经天纬地之才。邳彤帮助刘秀平定王莽之后，任曲阳郡太守，他为政清廉，刚正不阿，精于药理，经常背着药箱微服走出衙门，扮作行走天下的游医为贫苦的百姓义务诊治，疗效非常显著，深受百姓们的爱戴，人们都尊称他为"神医"。

在安国，人们一直都口口相传着一个故事：有一年，邳彤到京城游历，走过城门，恰巧遇到守城侍卫

微服 改变自己日常的着装，以便能够避人耳目。通常用来指古代帝王或者高官为了隐蔽自己的身份，而改穿平民日常的衣服，如"乾隆皇帝微服私访"。

刘庄 即汉明帝，是刘秀的儿子，庙号显宗。刘庄即位后，遵奉光武制度，实行休养生息的政策，提倡儒学，致力于消除北匈奴的威胁，在位期间吏治比较清明，边境比较安定。

■ 药王庙内的墓亭

驸马 我国古代
对帝王女婿的称
谓，也称为帝
婿、主婿、国婿
等。汉武帝时始
置驸马都尉，驸
也就是副，主要
掌管副车之马。
到三国时期，魏
国的何晏以帝婿
的身份授官驸马
都尉，后来晋代
也有杜预娶晋宣
帝之女安陆公
主，王济娶文帝
司马昭之女常山
公主，都授驸马
都尉。魏晋以
后，帝婿改称驸
马，非实官。

在张贴皇榜，原来，皇帝最心爱的公主患上了一种奇怪的病，宫里的御医倾其必生所学也找不出病因。

看着心爱的女儿因病而整日昏睡，脸色煞白，吃不进去任何东西，生命危在旦夕，皇帝真的急坏了。无奈之下，皇帝下令将皇榜贴满城中的大街小巷，寻求天下的民间名医，在皇榜中皇帝许诺："无论是哪位名医，只要能治好公主的病，愿意要财富的，可赏千金；愿意娶公主成为当朝驸马的，便可在公主病好之后择日成亲。"

看过皇榜后，邳彤自信满满地伸手揭下了皇榜，跟随着侍卫一起进入了皇宫。经过一番仔细的望、闻、问、切，邳彤逐渐明白了公主生病的原因。

原来，公主从小就养尊处优，山珍海味不断，而又缺乏必要的锻炼，导致了消化不良、胃口闭锁。太医院的御医们怕皇帝怪罪，就自作聪明地用人参、鹿茸等药材为公主开了一张滋补身体的方子，结果反而加重了公主的病情，可怜的公主就这样被一群庸医给坑苦了。

弄清病情的邳彤回到驿馆后，就用手指在自己的身上搓啊搓，还不错，邳彤的身体够"干净"，很快就搓出了一个用污泥制成的大药丸，并派人呈送给了公主。

邳彤呈献上药丸之后，害怕皇帝知道"药丸"的秘密怪罪于他，就在当晚趁着夜幕偷偷逃出了京城，一路快马奔回故里祁州。

公主服下药丸之后，肚子里一阵剧烈的翻江倒海，忍不住呕吐起来，吐得是一塌糊涂。见此，皇帝、皇后、太医、太监们的脸色都变了，他们都给吓坏了！

谁知公主呕吐过后，慢慢地开始进食一些少量的稀粥，没几天，公主就恢复了正常的食欲，脸色也逐渐红润了起来。

救死扶伤

药王庙

太医 古代医生的称呼。指封建社会专门为帝王和宫廷官员等统治阶级服务的医生。周有医师，秦、汉有太医令丞，魏、晋、南北朝。沿置。隋置太医署令。宋有医官院，金改称太医院，置提点为长官。明清相沿，长官称为院使。亦泛称皇家医生。

■ 安国药王庙内建筑

■ 药王庙内古建筑

传奇神人的祭祀圣殿

朱棣（1360年—1424年），就是永乐帝，明太祖朱元璋第四子。明太祖去世后，继位的建文帝朱允炆实行削藩制度，朱棣于1399年发动靖难之役，于1403年攻入南京，夺取了皇位，改元永乐。他在位22年，其间功绩卓著，并迁都北京城，影响深远。朱棣死后，庙号太宗，葬于十三陵的长陵。

皇帝看着公主活蹦乱跳起来，念邳彤救治公主有功，就下令召见邳彤，哪知邳彤早就离开了。于是，皇帝便令人追到邳彤故里，传旨：封邳彤为药王，并在他的家乡祁州立庙。就这样，邳彤被世人尊崇为"药王"。

自为邳彤修建庙宇设祀以来，普通人们经常前去求助药王为他们解除病痛或讨求一些祛病养生的妙方，很多善男信女也常常不远千里前来进香，香火非常旺盛。

一些买卖药材的药商看到了巨大的商机，趁机在这个地方做起了生意，逐渐形成了每逢农历四月二十八的药材庙会，一到这个时候，四方商客纷纷云集在这里，百货交流，成为当时规模最大的一个药材市场，虽然已历经百年，但是热闹的场面仍然不减当年，形成了"草到安国始成药，药到祁州始生香"的说法。

1404年，明永乐皇帝朱棣基于宋代临安时期药王庙的规模，以邳彤墓为中心，对药王庙进行了进一步的扩建。后来又经过明清两朝历代皇帝的修茸，逐渐形成了我们所见到的药王庙。

药王庙建筑群占地3200多平方米，坐东向西，由牌坊、马殿、钟鼓楼、药王墓亭、碑房、十大名医殿、药王正殿、后殿组成，结构十分严谨。

进入药王庙，首先就是高悬在山门之上的巨幅"药王庙"匾额，据史料考证，这是清乾隆时期的东阁大学士刘墉特意为之题写的。

除此之外，安国药王庙还有别具一格的特点，它打破了历来庙宇坐北朝南的传统，坐东朝西。山门外统一采用了重檐庑殿顶式建筑风格，金黄色的琉璃瓦覆盖了整个四柱三门式的彩木牌楼，阳光照耀下，庙宇正中匾额上的"显灵河北"4个描金大字越发显得庄严。

匾额两侧为马殿，四名牵马战士牵着红白两匹战马分列两边，马殿后为钟鼓二楼，穿过头进院落与二进院落之间的三座垂花门，就是抄手回廊，令人惊奇

重檐庑殿顶式
清代所有殿顶中等级最高的一种建筑形式，又叫作四阿顶，这种殿顶构成的殿宇平面呈矩形，共有九脊。在我国现存的建筑中，太和殿是最大的重檐庑殿顶的宫殿，天贶殿是最早建有重檐庑殿顶的宫殿。

■ 药王庙内的雕塑

的是，罗列在大殿前的不是别的，而是药王墓和墓碑墓亭，十大名医殿分列南北两侧。

正殿是药王庙的主殿，殿中供奉的是身着龙袍的药王全身坐像，它端庄而又慈祥，俯瞰着进行祭拜的众生。药王的两侧，是八名神采奕奕的武将，无形之中增加了庙宇庄重威严的气息。正殿建筑宏伟，雕镂精湛，全部由琉璃瓦覆盖，在太阳的照射下，熠熠生辉，散发着夺目的光辉。

在正殿的两侧有一对石狮子，石狮子面前矗立着两根长约24米、重约15吨的铁铸旗杆，长剑似的直插入云霄。

旗杆中部缠绕着两条栩栩如生的金龙，与旗杆顶端的金凤凰遥相辉映，一阵微风吹来，悬挂在旗杆四周的24个风铃发出脆响，加之旗杆上镶嵌的对联：

绵延祠庙

传奇神人的祭祀圣殿

> 铁树双旗光射斗；
> 神麻普荫德参天。

更凸显出庙宇的肃穆和不同凡响。

阅读链接

关于安国药王庙的来历，还有一个神话传说。

相传宋秦王当政期间，得了一种疾病，经过很长时间的救治都没有好转。有一天，邳彤突然显灵，治愈了宋秦王的疾病，宋秦王非常感谢邳彤的救治，就问邳彤的名字。

邳彤回答说是"祁州南门外人也"，于是，宋秦王派人前往祁州南门，才知道自己得到了仙人的救助，于是封邳彤为"药王"，并在当地建了一座庙，将邳彤供奉了起来。

唐太宗封赐的耀县药王庙

耀县药王庙位于陕西省耀县东部的药王山，是为纪念我国隋唐时期著名的医学家孙思邈而特别建造的。药王山也叫五台山，平均海拔在1千米左右，是孙思邈后来的隐居之地，明朝时期修建的药王大殿就坐落在五台山的显化台上。

孙思邈雕像

传说在唐太宗时期，长孙皇后得了一种怪病，明明早已经怀胎十月了，却迟迟无法分娩，反而身染了重症，卧病在床，尽管太医院的太医们极力救治，病情却一直都没有好转。为此，唐太宗每天都郁郁寡欢，坐卧不宁。

大臣徐茂公见太宗这个样子，就将孙思邈推荐给了太宗，说："臣早就听说华原县的民医

■ 名医孙思邈画像

礼教 所谓礼,是指源于民族社会具有宗教意义的习惯和礼仪。在国家产生以后,这些习惯和礼仪经过统治阶级的改造和完善,成为国家意志的体现,具有法律的性质和效力。但是,作为一种行为规范,它的原始性、混溶性、伦理性、道德性和文化性依然存在,成为我国古代特有的规范。

孙思邈经常采药为百姓治病,尤其是擅长妇儿科。凡是疑难杂症,只要一经他手,都能药到病除,为什么不将他请进宫来试一试呢?"

唐太宗听后,觉得有理,便派人昼夜马不停蹄地奔向华原县,将孙思邈请进了皇宫。

但是,在我国古代社会中,讲求"男女授受不亲",在这种礼教的束缚下,男医生是不能直接给妇女看病的,尤其是在宫中,医生只能根据口述来开药方。

于是,孙思邈叫来了服侍在皇后身边的宫女,首先进行了仔细的询问,接着要来了太医们之前所开的处方进行研读,了解了长孙皇后的病情后,他拿出一条红线,吩咐宫女一端把线系在皇后的右手腕上,另一端从竹帘中拉出来,孙思邈拿捏着线开始为皇后诊脉。

很快,孙思邈就放下手中的红线,对太宗说:"启禀万岁,民医已经对长孙皇后的病进行了诊脉,长孙皇后胎位不顺,在民间这种病叫作小儿扳心,故而皇后十月不产,身患重病。"

听了孙思邈的话,唐太宗半信半疑,问道:"既然如此,打算如何进行治疗呢?"孙思邈答道:"皇上只需让宫女将皇后的手扶出珠帘,民医在中指上扎一针就可以了。"

果不其然，孙思邈在看准穴位扎了一针后，皇后立马感觉一阵疼痛，浑身颤抖，很快，一阵婴儿的啼哭声就传了出来，宫女欣喜地叫着："娘娘生了，母子平安！"

唐太宗听了大喜，对孙思邈说道："真是华佗现世啊，不愧为当代名医，朕有心留你执掌太医院，不知你意下如何？"

孙思邈听了，婉言拒绝了唐太宗的好意，因为他还要云游四方，撰写《千金方》济世救人呢！太宗不好强求，就赐给他"冲天冠""赫黄袍"、金牌、良马和千两黄金。

但孙思邈再一次拒绝了，唐太宗深为孙思邈的情操和风貌感动，就封孙思邈为药王。在药王山的南庵内完整地保存着太宗御道、"拜真台""唐太宗赐真人颂"等古碑。

太医院 我国古代医疗机构的名称。它专门服务于上层统治阶级，始于金代，隶属宣徽院。太医院的最高长官是正五品太医院提点，下设使、副使、判官等。此外，太医院中还设有各种名称的太医和医官。太医院从金到清，作为全国性医政兼医疗的中枢机构，一直延续了700多年。

救死扶伤 药王庙

■ 孙思邈采药像

■ 药王殿孙思邈塑像

《千金方》 集唐代以前诊治经验的大成，是一部综合性的临床医学著作。孙思邈认为生命的价值远远超过了千金，而一个处方就可能救人一条命，于是，就用《千金要方》作为书名，简称《千金方》。书中所记载的医论、医方比较系统地总结了从《内经》开始到唐初的医学成就，是一部价值较高的著作。

耀县药王庙的药王大殿位于整个药王庙中心。殿高约22米，长近57米，宽24米左右，坐北朝南，地基全部采用巨石，渗透出一种稳若泰山的感觉。

殿中央的孙思邈彩塑，塑于明代，整个像高3米，身穿冲天冠和赫黄袍，眉清目朗，双手搭膝，非常慈祥。

殿前东边矗立着一座明隆庆年间所刻的五通碑石，一侧镌刻的是《千金宝要》，记载了孙思邈《千金方》中的千余副重要的药方。另一侧刻写的是《海上仙方》，记载了药王搜集、验证和整理药方的过程。

碑亭东侧为陈列室，室内陈放着药王孙思邈的画像和各种版本的《千金翼方》和《备急千金要方》等作品，供后人学习。

位于药王庙西南近200米处，是两个直径约为2米、深约1.5米的洗药池，相传是孙思邈当年专门洗药用的池子。

静应庙后来改为道观，是明清时期为了方便百姓朝拜药王而修建的。到每年农历二月初二的时候，药王山附近的人们就会集结于此，开始为期10天的药王山庙会，他们祭祖、求雨、祈福、纪念药王。

药王山庙会的主要活动内容是：

上洞换锁。二月初二这天，药王山附近的人们就会重新打开药王大殿的洞门，这洞门只有在每年的庙会时才会开启。人们为了祈求孩子平安健康，通常会在孩子的脖子上套上一种锁状的项圈，这种项圈每年一换。一到庙会，人们就带着自家孩子，由住持取旧戴新"换锁"，直到12岁。

祭神朝拜。药王大殿等庙宇会在庙会之前进行一次彻底的整理和清扫，悬挂灯笼，为远道而来的香客们准备温馨舒适的住所。庙会期间，人们会带着准备好的上供用品——香烛，从四面八方前来朝拜药王。

演戏助兴。药王庙会为期10天，唱戏就占了整整6天，献台的大都是从关中请来的有名秦腔剧社。

庙会期间，进山的道路两旁满满地摆放着各种土特产品，人们朝拜完之后，总要从商贩手中买一些土特产回家，当然，还要折一点柏枝用来消除灾病。

庙会的最后一天，也就是二月十一，是整个庙会的高潮。这天晚上，从耀县东门外一直到山脚下，沿路都是点燃的"路畔灯"，顺着这些路畔灯，每隔一丈就会放置一个竹竿，一直到药王大殿太玄门口。

夜幕降临之后，开始点灯仪式，从东门开始相继点

秦腔 我国汉族最古老的戏剧之一，秦腔起源于西周，又称为乱弹、梆子腔和桄桄子等。角色体制主要分为生、旦、净、丑四行，脸谱讲究庄重、大方、干净、生动和美观，颜色以红、绿、蓝三原色为主。秦腔"形成于秦，精进于汉，昌明于唐，完整于元，成熟于明，广播于清，几经演变，蔚为大观"，是相当古老的剧种，堪称中国戏曲的鼻祖。

■ 药王孙思邈雕塑

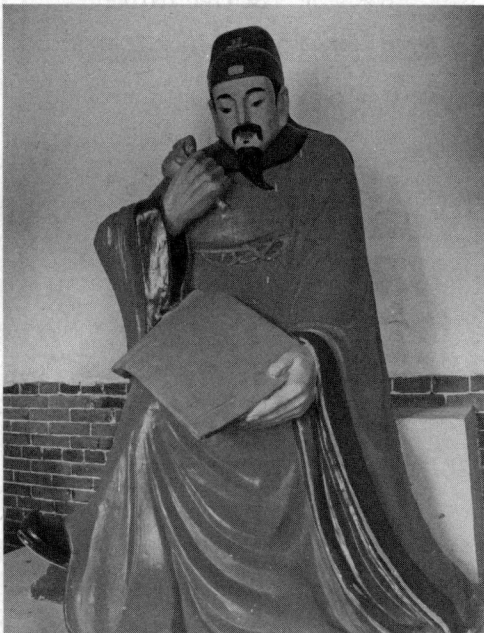

■ 耀州药王山

燃，像一条龙蜿蜒盘山而上，直到药王大殿为止。

接着，就是整晚地唱戏，前夜一大本，后夜一大本，等到天际泛起了鱼肚白，戏也演完了。这时候，商贩和朝山者们开始陆续撤离药王山，结束一年一度的药王山庙会。

据说过了这天，老天爷总要下一场"洗山雨"，洗干净人们上山带来的凡尘和垃圾。

阅读链接

唐太宗喜欢喝茶。有一次，他皇冠上的九龙图投影在茶盅里，就像小龙在游动。当时太宗口干舌燥，就一饮而尽了，但喝完后太宗就疑心了："茶盅里的九条小龙，被我一口吞下，这可如何是好？"他越想越疑，竟得了忧郁症。孙思邈得知后，就捉了九条蜥蜴装入一个竹筒，直奔长安而来。

他拜见太宗说："陛下的病，是误饮九龙所致。现在我拍你后背，待把九龙吐出就好了。"

孙思邈将竹筒藏左手袖，右手对准太宗后背轻拍，每拍一次，太宗把嘴一张，竹筒中就跳出一条蜥蜴。太宗真以为小龙出来了，不久病愈，还感叹道："药王手到病除啊！"

纪念道家药王的六谷祠

安徽省合肥药王庙原名"六谷祠",是我国最大的一所纪念道家药王铁拐李的庙宇。合肥药王庙始建于元代,明朝重新修葺时扩大了原有的建筑规模。

药王庙内祭祀的神祇是道家尊崇的药王铁拐李,他对药理有着自己独特的见解,经常普度众生,救人于病痛,所以深得百姓的崇拜。

铁拐李画像

传说,汉朝时,合肥城南有两个兄弟,哥哥李复医术高明,弟弟李玄医术稍逊,只能在旁边辅助哥哥。有一年,他们的母亲得了重病,就连哥哥也束手无策,兄弟二人四处寻医,请求救助。

一天,家中来了一个道士,对他

们说西王母娘娘那里有治这种病的药方，并且还留下一首诗：

寻坡转涧蛇六谷，风餐露宿天水岸。

迈岭登山拜仙桃，历经千苦药王归。

李玄一听西王母娘娘那里可以救母亲的病，就骑着毛驴，告别众人去西方求药。他背着母亲跋山涉水来到了黑森林。

这天晚上，月亮又大又圆，把大地照得好亮，母亲口渴得厉害，想要喝水，于是李玄起身找水，但是在水潭旁边看到两条小花蛇在嬉戏，可是潭水看起来黑乎乎的，怎么能喝呢？

这个时候，饥渴难耐的母亲一把推开李玄，捧起水就喝了起来，还一直说："真好喝，感觉舒服多了。"

王母娘娘塑像

第二天早晨他们继续西行赶路，途中碰到一个茅草屋，里面全部都是奇珍异宝，看得他们目瞪口呆，这时候，一个胖子走了出来，希望他们能够留下来，可是李玄救母心切，于是就委婉地拒绝了。

胖子被李玄救母的决心感动了，就拿出一颗红枣让他吃，没想到，吃了以后，李玄背着母亲一点儿也不觉得累了。

就这样，他们走了好多

年，这天，他们到了一座大山下，看到半山腰有大片大片的桃园，桃子长得又大又红，等他们走近，桃树参天，还有许多鸟和梅花鹿。

母亲说想吃桃子，李玄就去摘，一不小心，就从树上滑了下来，把脚给摔断了。可是路途漫漫，怎么办呢？无奈李玄随手折了一个树枝当拐杖，搀扶着母亲继续前行。

古代丝织四大天王

这个时候，迎面走来了一群仙女，斥责他们两人偷她们的桃子，母子二人窘得不知如何是好。

正在这个时候，一个穿着华美衣服的慈祥老人喝退了这些仙女，开始询问李玄他们是怎么到这来的。听了李玄的话，老人才笑着说她就是王母，可以治他母亲的病。

王母问他还有没有别的要求、李玄支吾着说他希望可以得到王母的药方，以便救助天下的老百姓。于是，西王母点化他成仙，又封他做了东华教主，并且还赐给了他一根铁杖。

回到家，看着面发红光、身体矍铄的母亲，哥哥连忙问是不是用了什么药方？李玄一五一十地都告诉了哥哥。

哥哥听了一跺脚说："弟弟你真可以，当初我就说用君药蛇六谷、天湖露、仙蟠桃3个药方就可以治好母亲的病，但是这3种药可遇不可求，我也束手无策，没想到你真的找到了，是你的孝心帮助了你自己……"

后来，兄弟二人还为百姓留下了很多治疗疾病的良方。

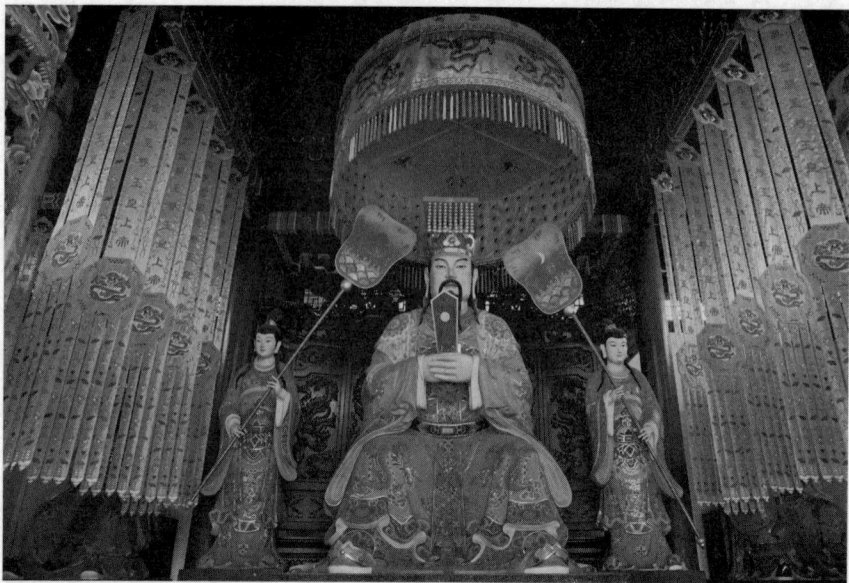

■ 玉皇大帝塑像

绵延祠庙

传奇神人的祭祀圣殿

歇山顶 我国古建筑屋顶式样之一。将悬山顶与庑殿顶相互融合而形成的屋顶建筑，屋顶上面的三分之一是悬山顶，下面的三分之一是庑殿顶，因此而形成了四坡九脊的造型，这九条脊分别为一条正脊、四条垂脊、四条角与垂脊之间的戗脊。所以也叫作九脊顶。

合肥的百姓为了感谢这位跛脚药王所做的一切，就为他建了一座药王庙。

药王庙坐北朝南，沿中轴线依次排列着大门、前大殿、后大殿等主要建筑。每两殿之间都有一条甬道相通。

庙门两侧，是一雌一雄两只石狮子，石狮子高约2米，和红色的庙门、绿色的琉璃瓦以及单檐歇山顶组合在一起，显得整个药王庙高大而又不失气派。

进入庙门，是一宽大的院落式结构，正门门额上悬挂着"药王庙"木制匾额。前大殿门窗全部采用木雕花棂，殿内中心是药王爷的全身泥塑像，他慈眉善目，三缕长髯，一手捧着药书，神情专注。

陪祭在两边的是药童，他们有的手捧药书，有的手持药锄、药筐，有的手拿尘拂，造型各异，栩栩如生。

药王彩塑真身前摆有一个大供案，上面放置着一个1米的铜铸香炉，直径大约0.8米，香火常年不断。

后殿为玉皇大帝的供奉之所，泥塑的玉皇大帝端坐在木基座上，头戴垂珠皇冠，身披黄袍龙衣，睥睨着天下众生。

供案两侧是四大天王彩塑，稍后还有八大金刚立像，他们身披铠甲，头戴金盔，手中拿着各种各样武器，形态十分威武潇洒。

药王庙的香火很盛，据说这里非常灵验，经常有来自八方的病人或病人家属前来许愿求签，保佑家人身体健康。

阅读链接

据说，人间的李拐儿长得非常魁梧，虽然潜心修道，但是一直都没有得到真道，于是就跟随老子和宛丘先生学道，隐居在砀山的一个岩穴里面。

一天，他应邀和老子一起游华山，就把躯壳交给了自己新收的弟子看管，他一再叮嘱徒弟说："如果七天我的元神还没有回来，你就把我的尸壳烧掉。"

当时，这个徒弟因为母亲病危，等到第七天的中午，见李拐儿还没有回来，就将尸壳烧掉回家了，等到李拐儿晚上回来，寻找不见躯壳，只好自认倒霉。

没了魄的李拐儿看到林中有一具饿殍，就急忙附了上去，等到他站起来才发现，这个饿殍是个跛子，而且黑脸蓬头，卷须巨眼，形极丑恶，必须倚仗铁拐才能行走，于是人们便开始叫他铁拐李。

庙中有庙的密云药王庙

■ 密云药王庙

"七郎坟，令公庙，琉璃影壁靠大道，一步三眼井，两步三座庙"精辟地概括了北京密云古北口文物建筑的特点。而药王庙则是"两步三座庙"中的"三座庙"之一，它最大的特点就是庙中有庙，在方圆不到千米的地方，只短短几步，就集中了药王、佛阁和龙王三座庙。

药王庙是密云有名的"老八景"之一，曾有过两次大规模修葺。

庙里除了供奉着药王孙思

邀之外，还供奉着一只石雕小老虎，这只小老虎雕刻精美，长约40厘米、高约12厘米，是人们在修葺清理药王庙地基的时候发现的，当地的人们都亲切地叫它"嘿儿喽爷"，你可别小看它，它可是药王庙的镇庙之宝呢！

相传有一天孙思邈骑着毛驴到五台山采药，途中路过一个拐弯的地方，毛驴忽然停滞不前并且浑身颤抖起来。

孙思邈探头一看，原来前面路中卧着一只老虎，高昂着头，张着大嘴，口水还不停地往下流，却一声不吼，一动不动，眼神中似乎有一丝祈求的意味。

■ 密云药王庙内的孙思邈塑像

孙思邈稍作思考，就明白了：这只老虎有病，是想让他帮忙治啊！于是他跳下毛驴开始打量起老虎来，很快，他就发现在老虎的喉咙里卡着一块骨头。孙思邈医术精湛，没费多大劲就将老虎喉咙里的骨头取出来了。

这下，老虎能吃东西了，饥饿难忍就跳起来将毛驴吃掉了，孙思邈很生气，指着老虎骂道："真是兽性难改，你把我的毛驴吃掉，让我怎样行路？唉，救了个没良心的东西！"他瞥了老虎一眼，转身上路。

老虎听了这话，又看见孙思邈悻悻而去，便将头

五台山 位于山西省东北部，隶属忻州市五台县，西南距省会太原市2301千米，与浙江普陀山、安徽九华山、四川峨眉山、共称"中国佛教四大名山"。与尼泊尔蓝毗尼花园、印度鹿野苑、菩提伽耶、拘尸那迦并称为世界五大佛教圣地，或为世界五大佛教名山。

戏楼 旧时供演戏用的楼式建筑。种类繁多，在不同的历史时期，有不同的样式、特点和建造规模，但是都保留了最基本的建筑特征：戏楼三面敞开，一面留作后台，舞台台面空间简单，但外延空间较大。戏楼就是中国人的剧场。形态各异的戏楼构成了传统戏曲演出空间，形成了中国人特有的戏楼戏剧观演场所。

■ 药王庙牌坊

奔拉下来，流出两行泪来，向孙思邈追去，并一路跟随，成了孙思邈的新坐骑。

从此，孙思邈骑着老虎，走遍了五台山，采了许多珍贵的草药，治好了许多病。老虎耳濡目染，逐渐具有了灵性，尤其是对喘病特别擅长，于是，孙思邈让它负责治疗天下的喘病。

药王庙是这里所有建筑物中修建年代最早的，药王庙建于明朝初年，距今已有630年的历史。

药王庙西边半步之遥是关帝庙，右前方是龙王庙，右后角是关帝阁，说是两步三座庙，实际是三庙加一阁，外加一明初的古戏楼。药王庙这种庙中套庙的建筑格局，有史以来在建筑学上是特殊的，在庙宇群里堪称之首。

■ 密云药王庙戏楼

药王庙是祈祷身心健康，保佑平安的圣地，关帝庙保佑事业一帆风顺、官运亨通。龙王庙就是风调雨顺。观音阁里的观音菩萨是佛中之首，保佑人们万事如意、大吉大利。两步三座庙里占尽了天时、地利、人和。

为了求得一男半女就建了送子观音庙，而后来的财神庙则是人们为了多财多福而建造的。财神庙建于清朝道光元年，分为前后两殿和东西禅堂，供奉着文武财神。

在密云药王庙前的是一座高约3米、宽近4米的琉璃影壁，影壁中心是栩栩如生的二龙戏珠浮雕，下面是布满鱼虾和海马的大海，尤其是在阴雨连绵的雨季，龙的眼睛就好像真的一样泛着光泽，当地人们称之为宝眼。相传这个影壁是一位陕西老人为了答谢药王爷的救命之恩而建的。

药王庙的门口，搭建着一个药王庙戏楼，分为

匾额 我国古建筑的一个必要组成部分，是古建筑的眼睛。一般来说，人们用于表达经义和感情的属于匾，表达建筑物名称和性质的属于额。所以，匾额就是悬挂在门屏上的一种装饰物品，用来凸显建筑物的名称和性质，是人们表达义理和情感的一种文学艺术形式。但也有人认为，横着的叫匾，竖着的叫额。

■ 药王庙内建筑

上下两层，上层为戏台，下层是进入药王庙的通道。

药王庙采用单檐硬山式建筑结构，由6根红柱支撑，中间匾额上的"德贯天地"彰显着人们对于药王的认可和尊重。

密云药王庙也拥有盛大的民间庙会，于每年的农历九月十四举行。据不完全统计，每年参加庙会的人数多则三五万，少则两三万，热闹异常，据说香火最盛的时候，能收到数百个"还愿"人送来的猪头、羊头。

阅读链接

北京密云古北口镇河东村，这里集财神庙和药王庙于一体，反映了人们的心理需求。

在民间的众多崇拜和信仰中，财神庙和药王庙无疑是占有举足轻重的位置，而且是最具体和最现实的神灵：民得以求生必得获财，而且越多越好，因此财神是必须敬的；人有生老病死，七灾八难，求医问病，药王更是缺之不得的。因此，不管走到哪里，这两种庙宇都会存在。

"千富万富无病无痛第一富，千王万王我第一供奉药王"这话鞭辟入里，精义深妙。药王庙受人供奉，享人祭祀，实际上是因为那个年代缺医少药，人们对于疾病无可奈何，只好求助于神灵护佑，以满足精神寄托的一种需要而已。

城隍庙

城隍庙，起源于古代的水庸祭祀，为《周官》八神之一。城原指挖土筑的高墙，隍原指没有水的护城壕。为了保护城内百姓的安全，古人造城时修了高大的城墙、城楼、城门、壕城和护城河。

古人认为，与人们生活和生产安全密切相关的事物都会有神的存在，于是城和隍就被神化为城市的保护神。

后来，道教把城隍纳入自己的体系，称作斩除凶恶、保国护邦的神，并管理阴间的亡魂。

三庙合一的平遥城隍庙

平遥城隍庙钟楼

平遥古城的城隍庙街东段，向来以文化氛围浓厚而著称，是九流百家的聚集之地。城隍庙是一座以城隍庙为主体，在位置上形成城隍庙、财神庙和灶君庙三庙合一的道教神庙。

据历史文献记载，平遥城隍庙庙群的初创年代不晚于元代，后来城隍庙曾因遭到火灾而被焚毁殆尽。明朝开国皇帝朱元璋十分重视城隍之祀，他说："朕立城隍神，使人知畏。人有所畏，

■ 平遥城隍庙正殿

123

保国护邦

城隍庙

则不敢妄为。"

1369年的明洪武年间，皇帝对京都及天下城隍封爵进位，封县级城隍为显佑伯，秩四品。1370年，朝廷整顿祀典，下诏取消了城隍的封号，义令天下府州县仿照各级衙门的规制，建造与之对应的城隍庙。

明嘉靖年间，朝廷对平遥城隍庙进行了重修，后来又经过多次修葺。清朝同治年间，人们又对平遥城隍庙进行了重修，历时6年，并塑像160余尊，大部分建筑得以恢复。

城隍庙坐北向南，布局规整，庙貌宏伟，总占地面积7300多平方米，庙区面积4552平方米。

沿轴线建筑有牌楼、山门、戏楼、献殿、城隍殿、寝宫，层层叠进、风格迥异。总体布局既有寺庙建筑配置特色，又有官置建筑意趣，所谓"前朝后寝"的功能分区体现得十分鲜明。

朱元璋 字国瑞，原名重八，后取名兴宗，是明朝的开国皇帝，国号大明，年号洪武，后逐渐建立了全国统一的政权。为进一步加强中央集权，朱元璋废丞相，设承宣布政使司、提刑按察使司、都指挥使司三司分掌权力。

■ 城隍庙内古朴的建筑

绵延祠庙

传奇神人的祭祀圣殿

卷棚顶 我国古建筑屋顶形式之一，为双坡屋顶，两坡相交处不作大脊，由瓦垄直接卷过屋面呈弧形的曲面卷棚顶整体外貌与硬山、悬山一样，唯一的区别是，没有明显的正脊，屋面前坡与脊部呈弧形滚向后坡，颇具一种曲线所独有的阴柔之美。卷棚顶形式活泼美观，一般用于园林的亭台、廊榭及小型建筑上。

城隍庙建筑群坐北朝南，前后四进院落，城隍庙附属建筑游廊、官厅、东西廊庑纵深相连，贯穿为一体，与高大、威严的主体建筑相配，构筑成严密、封闭的建筑氛围，折射出一股阴世、阳间轮回转动的森然气氛和天网恢恢疏而不漏的思想。

城隍庙前是一座戏台的背面，庙里唱戏，都是唱给神去听的。所以，戏台是面朝里而背朝外的，在门匾上还写有"敢入"两个字，是我国清代著名书法家傅山所写。"入"字的写法看起来非常像"刀"字，对前来的众人提出严厉质问："敢入吗？"

因为城隍神上管人间下管阴间，是惩恶扬善之神。只要是做过好事的人，不管是从哪来的都是敢入之人。两边是钟鼓楼，是我国古时的计时工具。

戏台修得比较低，需弯腰低头才能进入，表示对前方神灵的尊敬。进来之后，前方的建筑就是城隍庙的总体格局。

城隍庙的庙门外建有牌坊、照壁和木构架的左右过街牌坊，东为"一方保障"坊，西为"万姓饼檬"坊。城隍庙内格局与平遥县衙署相对应，自南至北有山门5间，左右钟鼓二楼，为两进院落；东西厢皆有廊庑拱围。献殿左右，分别有灶君庙、财神庙横向连接着。

庙内外院有东西游廊各13间，中院正面高台基上献殿5间；硬山卷棚顶，斗拱七踩，双昂，前出歇山抱厦。殿前两侧有碑亭、石狮和旗杆，对称排列。

东西廊房各9间，硬山顶。廊坊的南面，有"酆都城"和"转生堂"。

酆都城是传说中的阴曹地府，人死之后都去那走一遭。整个殿内阴森恐怖，四周墙壁上刻绘了阴曹地府和十八层地狱，有拔舌地狱、剪刀地狱、冰山地狱

阴曹地府 掌管万物生灵生命的地方，凡天地万物，死后其灵魂都被黑白无常拘到阴界，其在阳间的一切善恶都要在此了结。正所谓是活人在阳间，死人在阴间，阳间一个世界，阴间一个世界。在我国，大量的古代神话和佛教典籍中都有阴曹地府的记载，中国人把世界万物都分为两极，这就是中国的阴阳学说，是我国古代哲学的重要组成部分。

■ 平遥城隍庙内的香炉

拱券 我国古代的一种建筑结构。简称拱或券，又称券洞、法圈、法券。它除了竖向荷重时具有良好的承重特性外，还起着装饰美化的作用。其外形为圆弧状，由于各种建筑类型的不同，拱券的形式略有变化。

和油锅地狱等。

这十八层地狱中的人物狰狞恐怖，画面残酷，极为痛苦，旨在劝诫人们在活着的时候多做善事，多积德，并好好珍惜现有的生活。如果做恶事，死后就会在十八层地狱受苦。

正殿之后为寝宫，正中两层，下窑上阁，各5间，窑带前廊，阁为硬山顶。寝宫有左右厢房各3间，耳房各1间。

在庙的东北隅建有"灶君府"，并设有道士室。中轴线上的各层建筑屋顶，均以蓝、绿色琉璃瓦饰覆盖，色彩艳丽，多为明代遗物，工艺精湛。

灶君庙之后是道院。财神庙的正位是财神殿，上建真武楼，前有献殿，对面是一座建筑工艺精湛的戏台，别出心裁地建在拱券山门之上。

■ 平遥城隍庙内的石塔

在正殿的山墙上还绘制有城隍出巡图，场面壮观，造型生动，取材于世俗，意趣横生，是清代道教壁画中的佳品。在寝宫内的清代壁画中，更难见人间与神界的差异。

庙群以东，曾有娘娘庙、三官庙、太子寺、观音堂等紧紧相邻。平遥人善视外来宗教，在1810年的清宣统年间，天主教也凑进这儒释道相互融合的建筑群中。于是，一座充满欧式建筑风格的天主堂赫然出现，成为昔日多元文化的中心。

城隍庙的历史文化内涵十分丰厚，儒教、道教、民俗文化相融为一体。这些文化内涵不仅体现在泥塑、壁画之中，就连殿宇建筑形式、月台乐楼、木刻砖雕等各个方面也颇有情趣。

城隍庙的建筑结构上也很有特色，庙内各殿宇的木结构形式，开间、上限、木雕雀替图案以及琉璃构件的使用，都严格遵循当时的封建礼制，而且工艺上乘，多有独到之处呢。

平遥城隍庙内神像

每间亭台楼阁，都注重雕梁画栋，精磨细琢，十分考究。从一个侧面展示了平遥县在明清代商帮经济的发达程度和雄厚财力，以及由此而产生的高雅文化需求。

阅读链接

相传，平遥城隍神年轻气盛，而且智慧超人，可以说是无所不知，无所不能。

一次，平遥城隍神与介休城隍神在一块儿下棋，平遥城隍神戏言说，我若赢你，你那位贤惠夫人就得归我所有。

介休城隍神内心不服，也想一战，就一口答应下来。最后，平遥城隍神为胜，这样，戏言一语成真，平遥城隍神没有办法，只好将介休城隍神的夫人带回，并为她营造了一个诗情画意的小楼阁，金屋藏娇。

在城隍神赶庙会期间，介休城隍神还会派人到平遥城隍庙举行一年一度的梳头仪式，这种习俗一直延续，更让人们确信了城隍神的存在。

道教一派的西安城隍庙

　　西安都城隍庙位于西大街中段，1387年建于明朝洪武年间，由明太祖朱元璋亲自敕建，由朱元璋次子秦王朱樉亲自负责监修，在唐辽王府的基础上扩建而成。

■西安都城隍庙牌楼

■ 西安都城隍庙内戏楼

修建之初，被朱元璋敕封为都城隍庙，统辖西北诸省大小城隍。在城隍信仰的序列中，都城隍庙是级别最高、影响最大的。

朱元璋在统一完善我国城隍祭祀制度的同时，还下诏令所有的地方官员在上任之前，必须在城隍庙吃住几天，并要向城隍爷发誓上任之后敬民、爱民，同时要求城隍爷监察自己的行为。

朱元璋认为，这是为了要让人知道畏惧，人有了畏惧，就不敢胡作非为了。他强调，人要有三畏：上畏天，下畏地，中畏老百姓。地方官如果不能造福一方，就会失去民心，从而失去天下之心。

自元朝定都北京以后，西安就失去了作为国都的优势和辉煌。明清之际，经济中心也以江南为主，陕西渐渐成为西北偏远落后的地区，但当年朱元璋敕建的都城隍庙，威严依旧，雄伟依旧。

总督 清朝时期对统辖一省或数省行政、经济及军事的长官称为"总督"，尊称为"督宪""制台"等，官阶为正二品，但可通过兼兵部尚书衔高配至从一品。与只掌握一省行政事务的巡抚不同，总督兼管数省，同时在政务之外也兼掌军务。

■ 西安都城隍庙的正殿

绵延祠庙

传奇神人的祭祀圣殿

道教 是我国土生土长的宗教，道教起源于上古鬼神崇拜，发端于黄帝和老子，创教于张道陵，以"道"为最高信仰，以神仙信仰为核心内容，以丹道法术为修炼途径，以得道成仙为终极目标，追求自然和谐、国家太平、社会安定、家庭和睦，充分反映了我国人民的宗教意识、性格心理和精神生活。

1723年，一场火灾烧毁了都城隍庙大部分建筑，时任川陕总督的年羹尧将军，下令拆除了明秦王府，用秦王府的木料重修了都城隍庙。

重修之后"规模宏大，殿宇辉煌，碧瓦丹檀，雕刻精美，地基之广，甲于关中"。

庙门口有5间大牌坊，斗拱飞檐，气宇非凡，蔚为壮观。牌坊前由一对铁狮子镇守，山门内有一条百米长的青石甬道，两侧则是威武雄壮的"帅神"相封守护。

由南向北，依次是文昌阁、钟楼楼、二山门、戏楼、牌坊、大殿、二殿、牌楼、寝殿。两侧是道众居住修真的东西道院，共有33宫。

整个庙观布局整齐，左右对称，规模宏大，碧瓦丹檀，雕梁画栋，巧夺天工，美轮美奂，是一座建筑艺术的宝库，也是道教文化的胜地。

旧时，这里信众如潮，香火鼎盛。周边地区信众"过境必经"，常常人潮涌动，接踵摩肩。

经年羹尧将军新建的牌楼由6根正柱、12根辅柱、12根戗柱支撑，一个主楼，两个次楼，5开间组成。新牌楼总高14.5米，面宽32米。主楼斗拱19踩，次楼斗拱15踩，托起8.1米进深的宏大屋面。其规模之大，规格之高，举国罕见。

牌楼正面大匾上书有4个贴金大字"都城隍庙"，背面同样书4个贴金大字"你来了么"。这八个字均选自唐代书法家颜真卿的真迹。

城隍庙牌楼的匾非常有意思，背面"你来了么"，亲切中又透着调侃，说明城隍庙在古代是一个非常受老百姓喜爱的场所。同时，这句"你来了吗"也是一句警语，提醒要时常检点自己。

进城隍庙千万"莫光光磕磕头去"，而"要细细问问心来"！

牌楼的正背两面的正间是孔雀蓝衬底的二龙戏珠图案，描绘了两条龙追逐着火焰宝珠的场景。二龙戏珠的两边分别是一条坐龙。正间的四角上还分别刻着两条行龙。

正间的两边分别是东西侧间，每个侧间上各有一幅石绿色衬底的

保国护邦

城隍庙

城隍庙内香坛

"龙凤呈祥"木雕彩画。龙凤呈祥两边则分别是一只啜花凤凰。

每个龙凤呈祥木雕彩画的四角上还分别刻着牡丹花。整座牌楼巨柱雄立，角檐飞展，雕饰扬祥瑞之气，彩绘闪金碧之辉。牌楼和紧挨骑楼上的所有龙、凤、花纹饰共耗费了约50000张南京"御用"贴金，非常珍贵。

牌楼里是城隍庙的骑楼，高15米，面宽17米，进深为10米左右。骑楼在保持旧貌的基础上被后世重建，为楼阁式建筑，由两层楼、3开间组成。骑楼的二层楼顶是歇山顶，一层楼顶则为顶。

楼顶从上至下依次由垫板枋、斗拱、平枋构成。平坊上绘有《蔓草围绕三火珠》的图案。骑楼上还雕刻雀替。骑楼一层的天花板为藻顶，绘有莲花图案。整座骑楼美轮美奂，艳丽而不失典雅，秀美却不失庄重。

从宗教上说，西安的都城隍庙是道教正一派的道场，这个教派以《正一经》为主要经典，主要法术是画符念咒、祈禳斋醮，为人驱鬼降妖，祈福禳灾。

其道士可以不住宫观、娶妻生子。这个教派在明代所编的《道

西安都城隍庙古建筑

■ 西安都城隍庙圣母殿

藏》共512函，为保留道教文化作出了很大的贡献。

西安都城隍庙保存并仍在演奏的"城隍鼓乐"被誉为"中国古代音乐的活化石"和"西安古代的交响乐"，是我国音乐的一朵奇葩。

阅读链接

各地城隍是各地的神，那么西安城隍庙的城隍神又是谁呢？一说是纪信。

纪信是楚汉相争时刘邦手下的名将，《汉书·高帝纪》记载，荥阳大战遭项羽围困，即将破城时，纪信为救汉王刘邦，连夜出荥阳东门并高喊："粮食已尽，汉王降楚！"刘邦成功脱险，而纪信却被项羽烧死。

后来刘邦建国后封臣时，却忘了纪信，后世多有文人为纪信鸣不平。纪信作为功臣名将，被后人尊为西安城隍是有可能的，在西安城隍庙墨写的神位上就是纪信。

此外，还曾有人建议让娄敬作为西安城隍，娄敬的历史地位虽不够显赫，然而正是他力劝汉高祖刘邦定都关中，修建了汉长安城，才有了西安的汉唐盛世辉煌。娄敬后来隐居龙门修道，本身又是道教神仙，所以充当城隍神是理所应当的。

颇具特色的杭州城隍阁

杭州城隍阁位于浙江省杭州市吴山之巅，吴山是七宝山、紫阳山、云居山等几个小山的总称，总面积有6600平方米。

周新祠位于城隍阁前，俗称"城隍庙"，庙内供奉的是杭州的城隍之神周新。

杭州城隍阁远景

周新是明朝永乐年间的浙江按察使，周新为官刚正不阿，惩治腐恶，执法如山，深受人民的爱戴，人称"冷面寒铁"，后来因受诬陷而被明成祖杀害。

为了平息民愤，明成祖将周新封为杭州的城隍，并在吴山上为他修建了城隍庙，以供香火。

周新祠的规模不大，但是却别具风采。周新祠的门口矗立着一口大钟，相传这口大钟是一口平安钟，只要敲3下就可以保平安。

门前横匾上有"冷面寒铁"匾额。殿内共塑神像3尊。正中供奉的就是周新，周新的座像总高5米，身边站立的分别是手执兵器和印鉴的文武官员，每个高3.8米。这3尊像共用金箔20两贴面。

周新像的顶部是神龛，长2.5米，宽2.8米。

在周新祠的殿堂内，西周墙壁上绘制了6幅画，内容为周新执法如山、微服洞察民情以及被封为城隍的过程等，笔锋流畅，画面精美。

在周新祠的正对面有一处碑亭，亭子中立着"吴山天风"碑。碑亭外一副对联："湖影长堤分内外，江流至浙划东西。"

周新祠后则为城隍阁，为七层仿古建筑，整体造型具有南宋和元代的建筑风格。城隍阁高约40米，建筑面积达4000平方米左右。

城隍阁主顶顶端为葫芦状宝瓶造型，4个副顶顶端设凤凰造型，整座楼阁仿佛一群展翅翱翔的凤凰，又如仙山琼阁倚天耸立，令人神往。

城隍阁的洞门用蘑菇石砌造而成，底部呈块石状垒筑的坚实基坐，象征着古老的杭州城墙所蕴含的悠久历史。

■ 杭州城隍阁正门

按察使 官名。唐初仿汉刺史制设立，主要任务是赴各道巡察，考核吏治，由宋代提点刑狱演变而来。明朝省级地方官员分为三司，分别是布政使司、按察使司和都指挥使司，布政使管"民政"，按察使管"刑名"，都指挥使则管"一省军务"。清朝布政使主管民政赋税，按察使职掌不变，都指挥使废置不设。

瓯塑 俗称彩色油坭塑，又称"彩色浮雕"，是浙江温州独有的民间艺术，也是温州市独有的传统工艺美术品。它是用桐油和泥碾细合成原料，运用堆塑技艺的手法，用于装饰寺院、庙宇门壁和民间嫁妆品，广泛应用于建筑浮雕、壁画、装饰图案及艺术挂件上等。

抬头遥望，二楼"城隍阁"匾额两旁的楹联为：

八百里湖山，知是何年图画；

十万家灯火，尽归此处楼台。

四楼的匾额则是用篆体书写的"风华竞茂"。

城隍阁的一楼采用了江南特有的木雕、线刻和彩塑工艺美术手法，精心制作了8幅反映南宋时期杭州的风土人情、西湖民间故事和历代与西湖有关的名人工艺品等。

这8幅作品有雕塑彩绘《斗茶图》、东阳木雕《西湖天下景》、雕塑彩绘《西湖龙舟竞渡》、立体硬木彩塑画《南宋杭城风情图》、青石线刻《西湖古代名人》、青石线刻《西湖民间故事》、彩金木雕《南宋宫廷大傩图》和雕塑彩绘《南宋货郎车》。

■ 杭州城隍阁一景

保国护邦

城隍庙

特别是大型立体硬木彩塑画《南宋杭城风情图》，整件作品长31米，高4米，深2米。

■ 杭州城隍阁内镇海楼

彩塑画以杭州历史上最辉煌的南宋为时代和社会背景，对当时作为京都杭州的皇城宫阙、官署民舍、街巷河桥、店铺瓦子、庙塔园墅以及社会各阶层的日常生活、文化活动场景作了详尽的再现和描述。

观赏这幅《风情图》，就犹如凭栏眺望一座气象宏伟、内容丰富的我国古代名城一般，具有浓郁杭州地方特色的历史文化与民俗风情。

二层设有瓯塑展，瓯塑产于浙江温州，由于温州旧时称作东瓯而得名，民间也称之为油泥塑。整个展厅用非凡的手笔共布置了11幅大型壁塑，从不同侧面反映了与杭州吴山有关的历史事件、人物和故事。

这11幅壁塑为《孙权收宝岛图》《大江风采图》《宋孝宗砸匾图》《乾隆除恶霸图》《一词识柳永图》《兵围韩王府图》《施全刺秦桧图》《温日观骂贼图》

壁塑 我国一种绘画、雕塑合一的艺术形式。借壁势塑造神鬼、人物、山水、楼阁等像，并施以色彩，形成圆雕与浮雕相结合的特殊样式。唐杨惠之的壁塑，时称天下第一。据说北宋画家郭熙见了杨惠之的山水壁塑，受到启发，以手堆泥于壁，使呈凹凸之状，待干后，随其形逐用墨晕成山峦林壑，称为"壁影"。

杭州城隍阁夜景

《怒毁魏阉祠图》《吴山清韵图》和《胡雪岩助银图》，人物造型优美，栩栩如生。

城隍阁的三楼以上则以休闲、赏景、接待、品茗为主。登上城隍阁凭栏远眺，北望西子湖，波平如镜，轻舟荡漾。东眺市区，高楼广厦，鳞次栉比，繁华街市，尽收眼底。南观钱塘江，波涛滚滚，片片帆影消失在云水之间。西览群山，松声竹韵，山峰沉浸在烟云雾霭之中。

倘若夜登城隍阁，全城灯光闪烁，与天上的皓月繁星相争辉，其情其景尽显徐渭"八百里湖山知是何年图画，十万家灯火尽归此处楼台"的风情。

绵延祠庙 传奇神人的祭祀圣殿

阅读链接

城隍阁一楼的第一幅作品为《斗茶图》，它向我们生动地展示了我国悠久的茶文化历史，南宋的杭城"斗茶"活动十分昌盛，可以说是风靡全国。当时，上自达官贵人，下至黎民百姓无不以"斗茶"为乐事。

所谓的斗茶其实就是茶艺表演，不同的是，当时人们喝的不是茶叶，而是茶末。

人们把加工好的茶末分两次注入沸水中，经调和后茶面就会浮起一层白色的汤花，此时，比赛汤花的色泽和分布是否均匀，茶盏内沿与汤花相接处是否有水的痕迹作为获胜的标准，由于汤花是白色的，所以当时"黑瓷盏"是最受斗茶者所喜爱的茶具。

一庙二神的上海城隍庙

上海城隍庙位于黄浦区，是上海市重要的道教宫观，原为金山庙，也称霍光行祠，是汉代大将军博陆侯霍光的供奉之所。

明永乐年间，知县张守约将霍光行祠改建为城隍庙，明太祖朱元

■上海城隍庙牌楼

■ 上海城隍庙内的
神像

知县　秦汉之后，
将县令设为一县
的主官。宋朝时
期常派遣朝官为
县的长官，管理
一县的行政，称
"知县事"，简
称"知县"，如
当地驻有戍兵，
并兼兵马都监或
监押，兼管军
事。元代县的主
官改称县尹，明
清以知县为一县
的正式长官，正
七品，俗称"七
品芝麻官"。

璋敕封秦裕伯为上海的城
隍神，庙内祀奉秦裕伯和
霍光两人，俗称"前殿为
霍，后殿为秦""一庙供
二神"。

1535年，嘉靖皇帝下
令改建山门，知县冯杉题
"保障海隅"四字镌刻在
山门的石碑坊上。后来，
在嘉庆、道光、咸丰、同
治、光绪年间都有过不同
程度的扩建。

城隍庙的宫观建筑不
断增加，是最为繁盛的一个时期，总面积达33000平
方米左右。

至后来，上海城隍庙称为包括霍光殿、甲子殿、
财神殿、慈航殿、城隍殿、娘娘殿、父母殿、关圣
殿、文昌殿九个殿堂在内的建筑群，总面积为2000多
平方米。

城隍庙的大殿正门上悬挂有"城隍庙"匾额，并
配以对联："做个好人心正身安魂梦稳，行些善事天
知地鉴鬼神钦。"

大殿内供奉金山神主，也就是汉代博陆侯霍光大
将军的坐像，左右陪侍有文判官、武判官、日巡、夜
查以及八皂隶。

殿内的第一对立柱悬有对联：

威灵显赫护国安邦扶社稷；

圣道高明降施甘露救生民。

用来赞扬城隍神的功绩，上面悬有匾额"牧化黎民"。

第二对立柱上悬有对联，用于警示世人：

刻薄成家难免子孙浪费；

奸淫造孽焉能妻女清贞。

元辰殿又称"六十甲子殿"，面阔3间，为歇山顶式建筑结构。元，为"善"，元辰，就是指吉利时日的意思。元辰神灵是我国的年岁神灵，与每一个人的年运有关。

■ 城隍庙畅熙楼

我国古代以天干地支循环相配，由甲子起到癸亥结束，以60为一周，故也称六十甲子。后来，道教以六十甲子配以神名，从而形成了道教的元辰信仰。因六十甲子神灵是星神，故也称"太岁神"。

在民间，人们把某年在六十元辰中所对应的太岁神称为当年的值年太岁，出生

鎏金 我国一项传统的工艺，由古代劳动人民在生产劳动中总结创造而出。我国的鎏金技术始于战国，同时也是最早使用这一技术的国家。鎏金是一种金属加工工艺，也称"涂金""镀金"等，是把金和水银合成的金汞剂涂在铜器表层，加热使水银蒸发，使金牢固地附在铜器表面不脱落的技术。

■ 上海城隍庙内的拱门

之年所对应的太岁神称为本命太岁。信徒礼拜本命太岁，祈求年年平安吉祥，这种仪式被称为"顺星"。

慈航殿内供奉眼母娘娘、慈航大士和天后娘娘三位娘娘。慈航殿门上悬有对联："善恶到头总有报，举头三尺有神明"。

中间悬有"慈航普度"4个鎏金大字的匾额。

财神殿内供奉文昌帝君、关圣帝君和财神，主管功名利禄、平安和财运，香火最为旺盛。财神殿门上悬有对联："生财有道义为先，学海无涯苦作舟"，上悬匾额"福佑众生"。

城隍庙的最后一进殿为城隍殿，城隍殿的两侧悬有对联以赞扬城隍神的公正无私："祸福分明此地难通线索，善恶立判须知天道无私"，上悬匾额"威灵显赫"。

殿内另有一副赞神对联："天道无私做善降祥预知吉凶祸福，神明有应修功解厄分辨邪正忠奸"，横批"燮理阴阳"。

城隍殿中央供奉的是城隍神红脸木雕像，城隍神正襟危坐，殿内整个布局仿照明代县衙的公堂陈设，仪仗森严。

城隍殿西面为娘娘

殿，供奉城隍神夫人储氏，东首为父母殿，殿内供奉城隍神的父母。

文昌殿内供奉的是文昌帝君，是主持文运功名的神。文昌帝君左右两侧是他的侍从天聋和地哑，文昌像双目深邃、神情和善。

关圣殿内供关圣帝君，左右供周仓、关平二位将军。关羽头戴冕旒，身着帝装，气宇轩昂地端坐在龙椅上，周仓、关平神色恭谦微谨，神像丰满、逼真。

1709年，清康熙皇帝下令在庙侧起造东园，乾隆时，由全县士商捐纳，购买潘氏豫园故址并归于城隍庙，称为西园。

之后又重加兴修，所费资产累巨万两，极泉石之美，以作娱神乐神之用。府基一度称盛一时。豫园园内楼阁参差，山石峥嵘，湖光潋滟，素有"奇秀甲江南"之誉，具有浓郁的我国古建筑的风格和特点。

豫园园内有穗堂、大假山、铁狮子、快楼、得月楼、玉玲珑、积玉水廊、听涛阁、涵碧楼、内园静观大厅、古戏台等亭台楼阁以及假山、池塘等40余处古代建筑。

每幢建筑都是飞檐翘角、雕梁画栋，设计精巧、布局细腻，以清幽秀丽、玲珑剔透见长，具有小中见大的特点，体现明清两代南方园林建筑艺术的风格，

■ 上海城隍庙内的厅堂

143

保国护邦

城隍庙

夫人 "夫"字字从"二人"，意为一夫一妻组成的二人家庭，用来指"外子"。"夫人"意为"夫之人"，即外子的人，也就是内子。汉代以后王公大臣之妻称夫人，唐、宋、明、清各朝还对高官的母亲或妻子加封，称诰命夫人，从高官的品级。

上海城隍庙天裕楼

绵延祠庙

传奇神人的祭祀圣殿

是江南古典园林中的一颗明珠。

　　在老城隍庙内，还汇集了众多的上海地方小吃，绿波廊的特色点心、松月楼的素菜包、桂花厅的鸽蛋圆子、松云楼的八宝饭，还有南翔小笼和酒酿圆子，真可称得上是小吃王国了。

阅读链接

　　一种说法是，秦裕伯是元末明初时期的上海人，被称为"智谋之士"，为逃避乱世，辞官回乡。后来明朝开国后，朱元璋多次请他出山，才应允入朝。秦裕伯是前朝老臣，又精于世道，很受皇帝重用。朱元璋在他死后封他为上海"城隍之神"。

　　还有一种说法是，秦裕伯是一个孝子，因他的母亲感叹未见过金銮殿，于是就专门建了一座像金銮殿的建筑。后被人告密，皇帝派员来查，他就连夜将殿改成金山神庙，从而躲过了一场灾祸。

　　清军南下时，原准备屠城，可是在进城的前一天夜里，清军将领梦见秦裕伯警告他不准杀人，这才没敢下手。因秦裕伯"显灵"救了上海百姓，所以被列为城隍爷。